L'ÉTAT

ET

L'ÉCOLE

OU

DES DEVOIRS ET DES DROITS DE L'ÉTAT

EN MATIÈRE D'ENSEIGNEMENT ET D'ÉDUCATION

PAR

Louis WUARIN

(Mémoire auquel l'Académie des Sciences morales et politiques de Paris
a accordé la première récompense dans un de ses concours.)

PARIS

LIBRAIRIE FISCHBACHER

(Société anonyme)

33, RUE DE SEINE, 33

—

1885

L'ÉTAT ET L'ÉCOLE

L'ÉTAT

ET

L'ÉCOLE

OU

DES DEVOIRS ET DES DROITS DE L'ÉTAT

EN MATIÈRE D'ENSEIGNEMENT ET D'ÉDUCATION

PAR

Louis WUARIN

(Mémoire auquel l'Académie des Sciences morales et politiques de Paris
a accordé la première récompense dans un de ses concours.)

PARIS

LIBRAIRIE FISCHBACHER

(Société anonyme)

33, RUE DE SEINE, 33

1885

GENÈVE. — IMPRIMERIE JULES CAREY, VIEUX-COLLÈGE, 3

AVERTISSEMENT

L'Académie des Sciences morales et politiques de
Paris avait mis au concours pour l'année 1882 (prix
Stassart) la question suivante : « Des devoirs et des
droits de l'Etat et de la famille en matière d'enseignement et d'éducation ».

Sept mémoires lui furent adressés en réponse à cet
appel.

Le mémoire inscrit sous le numéro 5 (*) n'abordait
qu'une partie, qu'une face de la question posée, et
portait uniquement sur le rôle de l'Etat dans le domaine de l'Ecole à ses différents degrés.

Les pages que l'on va lire sont extraites presque
textuellement de ce travail, dont elles forment un
peu plus de la moitié.

(*) Conclusions du rapport présenté à l'Académie au
nom de la Commission chargée de rendre compte
des résultats du Concours Stassart pour 1882 :

« Votre Section de morale... vous propose... de pré-
lever sur le montant du prix une somme de *deux mille
francs* qui serait attribuée à l'auteur du mémoire n° 5, à

Après bien des hésitations, leur auteur s'est décidé à les publier. Il a détaché de son étude les chapitres qui lui ont paru répondre le plus directement aux préoccupations de l'époque actuelle. Son but serait atteint et son ambition satisfaite, s'il parvenait à faire partager, ne fût-ce qu'à quelques personnes, des idées qu'il croit justes, dont l'importance pratique est considérable et qui sont encore loin d'avoir partout cause gagnée.

---

titre de récompense.. Il resterait ainsi disponible une somme de *mille francs*, que la Section vous propose de partager, également à titre de récompense, entre les auteurs des mémoires n° 4 et n° 6. Enfin, elle vous propose d'accorder une mention honorable au mémoire n° 7.

Le rapporteur,

(*Signé*) EMILE BEAUSSIRE.

(« Séances et travaux de l'Académie des Sciences morales et politiques », livraison du 1ᵉʳ janvier 1883, p. 38 et 39).

PRÉFACE

L'instruction des jeunes générations, la diffusion des connaissances généralement considérées comme indispensables à celui qui sera bientôt un homme et un citoyen, à celle qui devra, le jour venu, se tirer d'affaire dans la bataille de la vie et, si elle devient épouse et mère, élever une famille, sont devenues à notre époque, dans tous les pays avancés, l'objet d'une vive sollicitude de la part des gouvernements.

Pour des raisons de différents ordres et dont il est aisé de se rendre compte, il n'est presque plus de nation où l'on ne regarde à la fois comme un devoir et une prérogative de travailler pour cette grande cause et de prendre en main ses intérêts.

Nous parlons en ce moment de l'enseignement primaire, car dès qu'il s'agit des études secondaires ou supérieures la situation n'est plus la même, et l'attitude des gouvernements varie de l'un à l'autre.

C'est de l'école primaire exclusivement que nous nous occuperons dans ces pages, et encore ne le ferons-nous qu'à un point de vue tout spécial. Il ne sera question ici ni de pédagogie proprement dite, ni de programmes, ni de méthodes d'enseignement. Nous désirons uniquement rechercher quel est le rôle naturel de l'Etat dans la distribution des connaissances élémentaires et dans l'œuvre de l'éducation de la jeunesse pendant la première période des études.

Comment doivent se comporter les gouvernements dans la solution des problèmes relatifs à l'école, s'ils veulent que leur intervention ne donne lieu à aucun grief légitime de la part de qui que ce soit ? Voilà ce que nous nous sommes demandé et ce que nous voudrions rechercher, en profitant des lumières que nous apporte l'histoire de l'enseignement public chez les nations les plus avancées ([1]).

Il est bien évident que les conclusions de ce travail dépendent avant tout de l'idée que nous nous faisons de la nature et de la mission de l'Etat.

Sur cette grave matière, nous pourrions nous étendre longuement. Deux systèmes ou plutôt deux ten-

____

([1]) C'est aux nombreux ouvrages de M. Charles Hippeau sur l'état de l'instruction publique dans la plupart des Etats de l'Europe et aux Etats-Unis, et au beau livre l'*Instruction du peuple,* par M. Emile de Laveleye, que nous sommes surtout redevable de nos renseignements; nous avons aussi tiré un parti important de plusieurs autres ouvrages ainsi que de nos informations particulières.

dances, deux courants contraires sont en présence :
d'un côté, l'école individualiste qui réduit à son
minimum la part d'action de l'Etat, et, de l'autre,
l'école socialiste avec ses différents groupes, qui
voudrait, par une exagération inverse, le faire intervenir partout.

Il n'est heureusement pas nécessaire, pour le but
que nous poursuivons, d'entreprendre la discussion de ce sujet si complexe. Nous nous bornerons
à dire que, d'après nous, la vérité n'est dans aucune
de ces deux doctrines exclusives, qu'elle se trouve
dans leur combinaison, dans leur adaptation aux
circonstances particulières de chaque pays. Nous ne
croyons pas aux thèses absolues, et, au besoin, l'histoire serait là pour nous apprendre à nous en défier.
Notre profession de foi se réduit à un seul article.
Nous tenons que si l'Etat a des droits, l'individu en a
aussi qui ne doivent pas être sacrifiés à ceux de la
collectivité. Et, comme le problème qui va nous
occuper met aux prises l'Etat avec la famille, nous
ajouterons, en empruntant les paroles du célèbre
jurisconsulte Bluntschli, que la famille a « des
droits essentiels indépendants de l'Etat. » (¹)

Mais pour donner encore plus de netteté à cette
profession de foi, pour mieux indiquer sur quel
terrain nous portons le débat qui va nous occuper,

(¹) *Théorie générale de l'Etat*, trad. A. de Riedmat-
ten, p. 170.

voici, renfermé dans quelques courtes propositions et rédigé au point de vue de la question de l'école, ce qui devrait être, à nos yeux, le catéchisme politique de tout gouvernement aspirant à mériter le beau nom de libéral :

L'Etat moderne respecte la liberté de l'individu ; il n'y apporte d'autres restrictions que celles qui sont absolument nécessaires pour rendre possible l'exercice du pouvoir.

L'Etat moderne abandonne à l'initiative privée les entreprises dans lesquelles les efforts de l'individu ou de l'association peuvent rendre sa propre action inutile.

L'Etat moderne ne reconnaît pas à certaines classes de la société le droit de tenir les autres sous leur sujétion comme étant, ou moins bien dotées sous le rapport de la fortune ou de l'instruction, ou moins capables de se diriger. Dans nos idées démocratiques, les droits de l'homme sont les mêmes pour tous.

L'Etat moderne est laïque : il n'a pas à s'occuper des opinions religieuses des membres de la communauté et à se faire le gendarme des esprits. Il doit de même rester neutre dans les débats politiques ou autres qui divisent les citoyens, et les minorités, aussi longtemps qu'elles ne font qu'une

opposition légale, ont droit aux mêmes égards de
sa part que la majorité.

L'Etat moderne ne s'attribue pas sur la personne
de l'enfant une autorité absolue : il reconnaît à la
famille le droit de donner à ses jeunes membres la
direction religieuse et morale qui lui paraît la
meilleure.

CHAPITRE PREMIER

L'ÉTAT MAÎTRE D'ÉCOLE

La nécessité d'une action directe de l'Etat en faveur de l'école, montrée par l'exemple de l'Angleterre. — Avénement général de l'instruction publique depuis la Réforme jusqu'à nos jours.

Avant de nous enquérir du rôle légitime de l'Etat dans le domaine de l'enseignement primaire, nous avons à résoudre une question préalable qui va nous arrêter un moment. Nous avons à écarter une fin de non recevoir.

A entendre certains publicistes, les pouvoirs publics doivent encourager les études, marquer le prix qu'ils y attachent, réclamer, des fonctionnaires de tout ordre, des garanties d'instruction, agir enfin dans l'intérêt d'une diffusion toujours plus grande des connaissances élémentaires, mais par la persuasion seulement. Ils n'ont pas à intervenir d'une manière directe dans la lutte qui se livre partout entre les ténèbres et la lumière. Lorsqu'ils vont plus loin, lorsqu'ils se chargent de fonder et de diriger des écoles, ils font fausse route, et leur action est plus funeste qu'utile.

Ce point de vue a été défendu surtout par des

théoriciens préoccupés de limiter le plus possible l'action de l'Etat, et par des économistes pleins de confiance dans la puissance de la liberté. Nous l'avons en particulier rencontré dans la mémorable polémique que M. Frédéric Passy soutint, il y a quelques années, avec un indiscutable talent, contre M. de Molinari, dans les colonnes de l'*Economiste Belge*, et aussi dans les ouvrages d'un jeune disciple de M. Passy, un Genevois fixé sur les bords de la Tamise et devenu un ardent admirateur des institutions anglaises, M. Charles Clavel.

L'instruction, disent les adversaires de l'action directe de l'Etat dans le domaine de l'école, est comme l'industrie et le commerce. Elle gagne à être laissée à ses propres forces, livrée à la concurrence, stimulée par l'initiative individuelle. Où en serait-on si l'Etat se chargeait de nous procurer les objets nécessaires à la vie, s'il devait faire tisser du drap, faire établir des montres, faire boulanger du pain, et non seulement cela, mais s'occuper encore d'écouler les produits de ses ateliers? Qui se trouverait bien de cette extension donnée à ses attributions naturelles? Personne évidemment. Or, pourquoi lui demanderait-on de faire pour la cause de l'instruction ce que l'on ne saurait lui réclamer pour les autres entreprises auxquelles chacun est intéressé? Espère-t-on par là paralyser le mouvement spontané qui portera les hommes à acquérir tout seuls l'aliment qu'il faut à leur esprit, de la

même manière qu'ils se procurent les autres choses
dont ils ne peuvent se passer ? S'il est vrai que personne ne peut croupir dans l'ignorance sans encou-
rir de ce fait un sérieux préjudice, qu'on laisse
faire : le temps n'est pas éloigné où chaque village
aura son école et où il faudra prendre une lan-
terne, comme Diogène ou Esope, pour trouver un
illettré.

Voilà l'objection. Elle ne laisse pas de présenter
une certaine force, et si les choses devaient se
passer comme on nous l'assure, elle serait irréfra-
gable. Il est bien vrai, en effet, qu'il y a tout avantage à abandonner aux efforts individuels les diverses
branches d'activité qui ne requièrent pas impérieu-
sement le secours de l'Etat ; il est vrai aussi que la
concurrence est bonne, et que la concentration,
dans les mains du pouvoir, de moyens d'action considérables risque toujours de prendre le caractère
d'un monopole et de produire les fâcheux effets que
le monopole entraîne à sa suite. Si donc, en atten-
dant quelques années, nous pouvions espérer de
voir l'ignorance se dissiper devant les efforts réunis
des citoyens et des diverses associations vouées au
relèvement des classes pauvres et déshéritées, il
faudrait laisser l'expérience se faire, et demander
aux gouvernements de se borner au rôle de specta-
teurs sympathiques au milieu des efforts accomplis
pour l'instruction populaire.

Malheureusement l'essai que l'on nous propose

de faire s'est prolongé dans plusieurs pays pendant plus de temps qu'il n'en était besoin pour le rendre concluant. Ce n'est que tout dernièrement, en France, en Angleterre, dans différents cantons de la Suisse, et ailleurs encore, que l'autorité publique s'est décidée à intervenir directement et activement en faveur de l'instruction du peuple, au moins en ce qui concerne l'enseignement élémentaire. — Or, qu'avons-nous vu jusqu'alors? Des populations nombreuses demeurant plongées dans l'ignorance, et là même où quelque lumière avait pénétré, une proportion d'illettrés vraiment effrayante. — Ici, c'étaient les écoles qui manquaient ; là, dans le voisinage d'établissements où l'instruction était offerte à tous, sans rétribution ou pour une rétribution minime, c'éaient des familles entières qui, par leur coupable négligence, se privaient des bienfaits mis à leur portée. — Les lacunes signalées dans l'état de l'instruction étaient telles que partout les gouvernements ont dû se décider à prendre en main les intérêts des jeunes générations.

Ce qui s'est passé en Angleterre, où l'instruction primaire a été jusqu'à ces dernières années entièrement livrée à ses propres ressources, nous semble fournir un argument de fait de la plus haute importance à invoquer ici (¹). S'il est un pays où l'essai de

____

(¹) Voir en particulier sur ce sujet un chapitre du livre

confier exclusivement la cause de l'instruction de la jeunesse aux efforts de la libre initiative avait quelque chance de réussir, c'était certainement celui-là. D'abord, l'Angleterre est le pays par excellence du *self-help* ; sauf peut-être les Etats-Unis, il n'en est pas où les citoyens soient plus habitués à se passer du secours de l'Etat. C'est ensuite une nation où la science est tenue en honneur, et cela non pas d'hier, mais depuis des siècles. Dans certaines parties des Iles Britanniques, notamment en Ecosse, le degré de culture des classes les plus humbles de la société était déjà vers le milieu du siècle dernier, pour ne pas remonter plus haut, fort remarquable, si remarquable même qu'il soutient parfaitement la comparaison avec ce qui se fait de mieux à notre époque dans les pays où l'instruction populaire est le plus vivement poussée. Qu'est-ce qui permit, par exemple, au malheureux et illustre Robert Burns, dont la vie s'étend entre les années 1759 et 1796, de devenir le poëte exquis et véritablement littéraire que l'on sait? C'était un paysan, fils de paysans, et il nous a dit lui-même que « son sang, ancien mais sans noblesse, n'avait circulé depuis le déluge que dans les veines de misérables hères. » Mais, dans l'école de son vil-

---

L'Administration locale en France et en Angleterre, par M. Paul Leroy-Beaulieu, auquel nous sommes particulièrement redevable, ainsi que l'article *Angleterre* par M. B. Buisson, dans le *Dictionnaire de pédagogie* publié sous la direction de M. F. Buisson.

lage, il avait reçu une culture suffisante pour pouvoir ensuite s'intéresser aux choses de l'esprit, et tout en tenant les mancherons de sa charrue, s'entretenir avec la nature et traduire ses sentiments dans des poèmes sans prétention, mais qui se lisent encore aujourd'hui partout où la langue anglaise est parlée. Si le plus difficile en toutes choses est le début, et si l'on peut dire avec raison qu'ouvrage commencé est à moitié fait, on voit que l'éducation des classes populaires était de vieille date solidement fondée au delà de la Manche, et qu'elle avait pris pied dans certaines parties du pays, d'où il semble qu'elle aurait dû rayonner dans toutes les directions.

Ajoutons encore que dans l'Angleterre proprement dite, il existe à côté des pouvoirs de l'Etat une importante corporation jouissant de richesses considérables, où règne une forte discipline, qui compte dans son sein des hommes d'une haute culture et d'un patriotisme éclairé, et qui, depuis son origine, a toujours regardé l'éducation du peuple comme un des principaux devoirs remis à ses soins. Nous voulons parler de l'Eglise anglicane. Près d'elle, les églises dissidentes, séparées d'elle sur des questions de doctrine et d'organisation, ne sont ni moins actives, ni moins dévouées que l'institution officielle, quand il s'agit de travailler au relèvement du peuple. Or nous voyons, depuis le commencement de ce siècle, ces différentes églises s'engager avec leurs puissants moyens d'action dans une sainte croisade contre l'ignorance. L'église anglicane, en 1811, fonde sous l'inspiration du docteur Bell la grande œuvre des Ecoles nationales (*National Schools*). Un quaker dont le nom mérite le respect de tous ceux à qui la cause de l'instruction est chère, Joseph Lancaster, le promoteur du système d'écoles dites lancastériennes, qui ont rendu de précieux services, avait déjà, trois ans auparavant, institué l'œuvre des Ecoles britanniques et étrangères (*British and Foreign Schools*); les dissidents, comme on voit, avaient pris les devants sur l'Eglise salariée par l'Etat, ce qui est à la louange de l'initiative individuelle.

Eh bien! chose singulière, malgré toutes les circonstances qui semblaient devoir assurer dans les Iles Britanniques le succès du régime des écoles libres, malgré les sacrifices énormes accomplis pour elles, soit par les églises, disposant de capitaux considérables, soit par les individus venant grossir les ressources des corps ecclésiastiques, l'on dut reconnaître au bout d'un essai fort prolongé que les résultats obtenus étaient insuffisants, et, dans cette Angleterre où tous les partis semblent d'accord pour réduire autant que possible les attributions du pouvoir civil, l'Etat jugea de son devoir de suppléer à l'insuffisance des efforts individuels et de s'associer directement à l'œuvre de l'éducation des classes populaires.

C'est en 1833 qu'il entra dans cette voie. Il se

contenta, à l'origine, d'accorder des subventions en vue de la construction de bâtiments scolaires, aux localités qui auraient réussi déjà, de leur côté, à réunir la moitié des fonds nécessaires. C'était une heureuse façon d'associer l'appui de l'Etat aux efforts de l'initiative privée, mais cette mesure ne devait pas produire encore les résultats attendus, et le gouvernement, après ce premier pas, dut en faire un second, puis d'autres encore.

En 1839, il fut constitué un Conseil d'instruction publique (*Board of Education*). Cette tentative de placer l'instruction sous la direction du gouvernement souleva les oppositions les plus vives, mais la nouvelle institution sortit fortifiée de ces attaques impuissantes à la renverser.

De 1846 à 1870 s'introduisit et se développa le système des subventions officielles. Des subsides furent d'abord accordés aux jeunes gens qui se préparaient à entrer dans la carrière de l'enseignement ; plus tard on décida que des subventions seraient allouées aux différentes écoles publiques proportionnellement au nombre des enfants qui les auraient fréquentées avec une régularité satisfaisante ; enfin ces subventions ne furent plus accordées, à partir de l'année 1861, que sur la base d'une allocation distincte pour chaque enfant ayant subi, devant des inspecteurs désignés par le gouvernement, des examens jugés admissibles.

Comme on le voit, l'intervention de l'Etat dans la

direction de l'enseignement s'accentue de plus en plus ; mais il est important de remarquer que personne n'était obligé d'accepter des faveurs toujours subordonnées à la soumission à certaines règles, si bien que jusqu'à ces dernières années, les écoles qui se laissèrent subventionner ne s'élevaient guère qu'au quart des institutions existantes.

Cependant, en 1870, on jugea que l'État n'avait pas encore atteint son but, et qu'il convenait d'accomplir un nouveau progrès, mais cette fois un progrès décisif, puisqu'il ne s'agissait de rien moins que d'instituer un système général d'instruction publique. C'est alors que M. Forster présenta son fameux *bill* qui, même en venant après les importantes mesures que nous avons fait connaître, constituait une véritable révolution, et qui prit les proportions d'un immense évènement politique : il n'y a qu'à se reporter aux discussions de cette époque, soit au sein du Parlement, soit dans la presse, pour se faire une idée de l'importance attachée aux propositions de M. Forster. Les dispositions de ce projet, qui finit par être adopté et sur lequel nous aurons à revenir, tendaient surtout à multiplier le nombre des écoles de manière à en assurer à toutes les localités qui en avaient été jusque-là privées (¹). Alors même que la loi de 1870, connue

---

(¹) Nous avons relevé le passage suivant dans un discours prononcé à une date récente dans une petite localité

sous le nom de *Elementary Education Act*, ne concentrait pas tous les pouvoirs dans la main de la direction ministérielle, elle faisait réellement, des établissements strictement officiels et des écoles subventionnées, un système bien coordonné d'écoles publiques (¹). Et c'est ainsi que l'Angleterre, qui jusque-là s'était particulièrement distinguée par sa non intervention dans les entreprises scolaires, a reconnu que, dans l'enseignement primaire tout au moins, l'action de l'Etat était une nécessité.

Si nous nous sommes étendu si longuement sur cette évolution, c'est qu'elle nous semble la meilleure réponse à faire aux individualistes extrêmes, disposés à croire que l'Etat ne saurait mieux témoi-

---

(à Llandluno) à l'ocasion de la pose de la première pierre d'une école publique, par M. John Bright, le célèbre orateur libéral et homme d'Etat anglais : « Quand nous traversons notre pays, que voyons-nous dans nos grandes villes et dans la plupart des localités de la campagne? De grands édifices publics mais qui ne sont pas des écoles. Nous voyons de vastes maisons de pauvres, de vastes prisons, mais les écoles y sont très rares... Je pense que ces institutions, les maisons de pauvres et les prisons, sont dans une grande mesure des monuments du manque de sagesse de nos gouvernements, et aussi des défauts de notre système de charité publique ». (*The Daily Chronicle*, numéro du 9 décembre 1881).

(¹) L'*Elementary Education Act* ne visait que l'Angleterre proprement dite. Il fut complété en 1872 pour ce qui concernait l'Ecosse, et plus tard pour les autres parties du pays.

gner son intérêt pour l'instruction en général qu'en ne s'en mêlant pas. L'Angleterre a compris qu'il y avait mieux à faire que cela ; elle s'est mise à l'œuvre et elle poursuit activement la réalisation de son nouveau programme.

La conviction à laquelle elle est arrivée, les principales nations d'Europe et d'Amérique l'avaient acquise avant elle, et nous ne pouvons aujourd'hui regarder nulle part autour de nous sans être frappés des sacrifices de plus en plus considérables que les gouvernements s'imposent en faveur des études. Partout on semble être arrivé à comprendre qu'une des plus solides garanties de l'ordre, de la stabilité et de la prospérité nationales doit être cherchée dans la diffusion des connaissances au sein de toutes les classes. La chose est si évidente que ce sera bientôt un lieu commun de l'admettre. Tous les partis semblent d'accord sur ce point, et même ceux d'entre eux qui, dans leur for intérieur, se défieraient encore quelque peu des bienfaits de l'instruction en général, n'osent trop le laisser paraître. Aussi bien le courant d'opinion qui demande la diffusion des connaissances est si fort, tant de voix s'élèvent pour réclamer des écoles de tout ordre partout où elles font défaut, que des hommes politiques ne sauraient, sans se faire le plus grand tort et s'aliéner la confiance de leurs concitoyens, se prononcer pour l'ignorance contre l'instruction. A mesure que le progrès s'accentue, les populations sentent combien leurs destinées auraient été autres si les gouvernements eussent montré plus d'intérêt et accompli des sacrifices plus considérables pour la cause des écoles. L'avénement de l'instruction *publique*, c'est-à-dire de l'instruction mise par les soins de l'Etat à la portée de tous, est un fait relativement récent, mais ce sera une des gloires de notre siècle de l'avoir vu se produire.

L'antiquité n'a rien connu de semblable. Si, en Grèce, l'Etat ne restait pas absolument étranger à l'enseignement donné aux futurs citoyens en vue de les préparer au service de la patrie, s'il exerçait sur lui une surveillance dont personne d'ailleurs n'eût songé à s'étonner, il n'en est pas moins vrai que « la libre Grèce n'a pas connu les écoles publi- « ques. » (¹)

A Rome, la situation était sensiblement la même. Un plus grand nombre d'enfants recevaient leur première éducation dans la famille. Il existait pourtant des écoles, mais l'Etat ne s'en occupait pas et ne faisait rien pour elles. Le *litterator*, à l'origine, et il en sera de même plus tard du *grammaticus* et du *rhetor*, était payé par les élèves. La seule chose que l'on puisse signaler comme offrant quelque lointaine ressemblance avec l'intervention de l'Etat,

---

(¹) *Grundriss der Griechischen Litteratur*, von G. Bernhardy, Halle, 1861, 1ᵉʳ Theil, p. 81.

c'est que l'on vit parfois des empereurs, très épris de l'enseignement des maîtres grecs, leur donner des gratifications et les distinguer par des honneurs exceptionnels (¹). Mais il n'y a rien là pourtant qui constitue encore une institution publique, officielle et permanente.

Au moyen âge, l'instituteur du peuple n'est pas l'Etat, c'est l'Eglise ; mais il s'en faut de beaucoup qu'elle offre ses ressources à tous. Elle avait moins en vue d'arracher les masses populaires à l'ignorance que de distribuer à ses clercs les connaissances dont ils avaient besoin et dont on ne sentait guère l'utilité pour le reste du peuple. Son enseignement d'ailleurs était surtout théologique. Bientôt cependant il s'étendra à certaines matières littéraires et scientifiques, et de cet ensemble nous verrons sortir les universités. Les gouvernements associent alors assez souvent leurs efforts aux siens ; ils cherchent même parfois à placer ces établissements sous leur contrôle, et ils y réussissent dans une certaine mesure. Ce n'était pas encore l'instruction publique, mais c'était déjà une première évolution dans ce sens.

Quant à l'enseignement régulier, tout en s'adres-

(¹) Voir *Rœmische Privatalterthümer*, von J. Marquardt, Leipzig, 1864, page 80 et suivantes, ainsi que *Grundriss der Römischen Litteratur*, von G. Bernhardy, Braunschweig, 1857, pages 33 et suivantes.

sant moins spécialement au public restreint des
clercs, il continue à rester entre les mains de
l'Eglise ; si parfois les souverains, comme jadis
Charlemagne, ou les municipalités s'y montrent
sympathiques, tout leur intérêt cependant ne tend
guère qu'à encourager l'Eglise dans son œuvre en
lui laissant la direction de ses écoles et de ses col-
lèges. De puissantes congrégations se sont formées
pour les besoins de l'enseignement. Il en ira ainsi,
dans les pays catholiques, jusqu'à l'époque de la
Révolution française.

Les gouvernements issus de ce grand mouvement
d'opinion ne réalisèrent pas, à vrai dire, l'instruction populaire, mais ils la firent entrer dans la
législation. A cet égard, le décret rendu, en 1791,
par la Constituante est un acte d'une haute importance. On en connaît le texte : « Il sera créé et
« organisé une instruction publique commune à
« tous les citoyens, gratuite à l'égard des parties
« d'enseignement indispensables pour tous les
« hommes, et dont les établissements seront dis-
« tribués dans un rapport combiné avec la division
« du royaume ! »

Dans les pays protestants, les réformateurs eux-
mêmes fondèrent l'instruction publique comprise à
peu près telle que nous l'entendons aujourd'hui.
Développer les universités ou académies existantes,
en créer où elles manquaient, ne fut encore qu'un
des côtés de leur œuvre. Tout protestant, étant pape

une Bible à la main, devait être mis à même, pour
exercer son droit de libre examen, de lire les
Saintes Écritures. Luther et Calvin étaient l'un et
l'autre des humanistes distingués et des amis de
l'étude. Pendant que le premier lançait sa mémorable adresse « Aux Conseillers de toutes les villes
d'Allemagne pour leur demander la création d'écoles, » le second faisait bâtir un collège à Genève et
y organisait une académie pour y faire suite. Dans
les pays gagnés à la Réforme, l'union de l'Eglise et
de l'Etat resta si étroite que l'autorité civile se
prêta sans effort à l'impulsion donnée par le pouvoir religieux ; l'école populaire n'eut pas à se mettre en peine des ressources dont elle avait besoin :
le gouvernement central ou les municipalités les
lui fournirent. A leur arrivée dans le nouveau monde,
les Puritains firent de l'Eglise et de l'école les deux
colonnes de leur régime politique. En Angleterre, en
Hollande, en Suède et ailleurs, partout où la religion protestante étendit son empire, l'instruction
s'épanouit sous son influence.

A notre époque, chez les peuples protestants,
mais plus encore dans les pays catholiques, nous
assistons à un triple effort de la part des gouvernements. D'un côté, ils s'appliquent à réaliser entièrement le principe de l'instruction élémentaire
offerte et imposée à tous ; de l'autre, ils retirent à
l'Eglise la place qu'elle avait pu garder dans la
direction de l'école publique. Enfin ils continuent

par en haut l'œuvre commencée par en bas, et ils
étendent progressivement leurs faveurs aux établissements d'instruction moyenne, supérieure ou pro-
fessionnelle.

CHAPITRE II

MODES D'INTERVENTION DE L'ÉTAT

Les écoles particulières subventionnées. — L'école officielle —
Systèmes intermédiaires possibles.

L'Etat prendra en main la cause de l'instruction primaire ; nous avons montré pourquoi. Mais par quels moyens arrivera-t-il à ses fins ?

Se bornera-t-il à encourager matériellement les entreprises scolaires existantes, tout en se réservant cependant d'en fonder pour son compte propre, là ou l'initiative individuelle ne l'aurait pas devancé ? Confiant dans le tact, le zèle des citoyens, qu'ils agissent individuellement ou qu'ils prêtent leur appui à des sociétés religieuses ou philanthropiques, viendra-t-il par des subsides en aide à leurs efforts et soutiendra-t-il leur œuvre tout en leur laissant, en dehors de certaines prescriptions générales, l'organisation et la direction de leurs établissements ? C'est là un premier mode sur lequel il aura à se prononcer.

Ou bien jugera-t-il préférable de fonder lui-même des écoles dans chaque localité, et de faire de l'instruction populaire un service public ? Tel est le

second mode qui s'offre à lui. Mais entre ces deux
systèmes il y a encore, comme nous le verrons, un
certain nombre de combinaisons possibles.

On aurait tort, croyons-nous, de vouloir rechercher et décider par le seul raisonnement lequel des
deux modes est le meilleur ; il ne faut pas procéder
ici abstraitement. Ce qui est bon pour un pays ne
l'est pas nécessairement pour un autre. Chaque
peuple a ses mœurs son esprit national, ses traditions,
qu'il lui serait difficile et qu'on ne peut lui demander
d'abandonner pour le simple plaisir de se conformer
à un principe, si juste soit-il. Telle institution qui a
déjà rendu des services et dont le mécanisme est
connu vaudra souvent mieux que telle autre plus
parfaite, mieux combinée, mais nouvelle dans le
milieu où l'on voudrait l'introduire, et qui pourrait en définitive se trouver mal adaptée à ses besoins.
Nous devons surtout nous souvenir, afin de mieux
nous défendre de toute conclusion précipitée, que
si l'État est appelé à prendre en main la cause de
l'instruction populaire, ce n'est pas dans le dessein
de la monopoliser à son profit. Il n'agit que pour
suppléer aux lacunes que laissent subsister les efforts
individuels, insuffisamment coordonnés ou trop
faibles pour la tâche à acomplir. Chaque fois que
l'on réussit à se passer de son secours, bien loin de
s'en affliger, il doit au contraire s'en féliciter vivement. Heureuse entre toutes la nation où les citoyens savent si bien se tirer d'affaire tout seuls

que le rôle de l'Etat se trouve considérablement limité par leur intervention spontanée !

Nous ne saurions, dans la question qui nous occupe, que souscrire à ces belles et libérales paroles de M. Cousin dans le premier rapport fait à la Chambre des Pairs sur le projet de loi de 1833 qui créait, on peut dire, l'instruction primaire en France.

« Quel but doit se proposer une loi sur l'instruction primaire ? Apparemment de la répandre le plus possible, de la rendre même universelle. Il faut donc bien se garder de mettre contre elle aucune force réelle, aucune prétention légitime.

« Pour satisfaire à tous les besoins, il faut ac-
« cepter tous les moyens, ne repousser ni n'adopter
« exclusivement aucun principe, mais admettre
« sans aucun préjugé systématique tous ceux qui
« sortent de la matière et peuvent conduire au but
« commun (¹). »

Le premier des deux systèmes qui s'offrent à nous, celui dans lequel l'Etat renonce en principe à se faire maître d'école et borne, autant que faire se peut, son activité à assister toutes les entreprises qui ont pour objet l'instruction du peuple, est actuellement en pleine vigueur en Angleterre, où nous pouvons l'étudier. La loi de 1870, dont

---

(¹) *L'Instruction publique en France sous le gouvernement de Juillet.* — Paris, 1850, tome I, p 25.

nous avons parlé plus haut, établit, en effet, que les différentes écoles existantes peuvent se mettre au bénéfice des subventions de l'Etat, moyennant qu'elles consentent à ôter à leur enseignement tout caractère confessionnel (nous ne disons pas religieux). Outre le principe de la laïcité, cette loi consacre l'obligation, pour les parents, de faire instruire leurs enfants, et assure la gratuité aux familles qui ne seraient pas en état de payer la rétribution scolaire. Quant à la création d'écoles dans les localités qui en manquent, l'Etat, plutôt que de s'en charger directement, a préféré confier ce soin à des comités locaux (*School Boards*) nommés par les électeurs de la commune; les dépenses sont couvertes par une subvention parlementaire, par des dons et, pour le reste, par un impôt spécial voté par l'autorité municipale.

Comme on le voit, l'Etat arrive par une voie indirecte au but qu'il se propose, à savoir de mettre l'acquisition des connaissances élémentaires à la portée de tous et d'obliger les familles à profiter des ressources qui leur sont offertes pour l'instruction de leurs jeunes membres.

Ce système offre d'incontestables avantages. Il associe les efforts individuels à l'action gouvernementale. Il encourage les vocations pédagogiques sérieuses, dans lesquelles l'instruction n'est que le moyen et l'action morale le but. Il permet l'essai de méthodes variées, et remplace les écoles d'un type unique par des établissements de divers genres, dans lesquels on s'ingénie à répondre aux besoins multiples qui se manifestent. Ce système écarte le danger d'une monopolisation de l'instruction publique en faveur de l'État, et loin de gêner la concurrence, toujours utile, il la protége de la manière la plus efficace. Enfin il réalise au budget une économie notable dont les gouvernements ne sauraient que se féliciter.

Mais le côté faible de cette organisation, c'est que l'on s'en remet avec une confiance un peu bien grande, pour le relèvement des populations arriérées, à l'intelligence et au dévouement des populations elles-mêmes, auxquelles on demande de se faire les champions de l'instruction publique et de se renouveler par leurs propres forces. Cette organisation réclame, en outre, des différentes sociétés auxquelles l'État associe ses efforts un libéralisme éprouvé. Elle suppose au sein de la population un développement remarquable de l'initiative individuelle, un rare esprit de sacrifice et de consécration au bien général. Elle laisse de plus subsister, dans le programme des études, des divergences et des lacunes qui peuvent offrir de sérieux inconvénients, puisque certaines écoles seulement sont fondées et entièrement soutenues par l'État, tandis que les autres, tout en acceptant son contrôle et son appui pécuniaire, conservent leur allure et leurs traditions particulières. Enfin, le recrutement du corps ensei-

gnant et le choix des instituteurs n'offrent pas les
mêmes garanties que dans le système où c'est l'Etat
qui recrute, forme et nomme à leur poste l'immense majorité des maîtres. Nous sommes ici dans
le régime de la liberté, et nous y trouvons les
avantages comme aussi quelques-uns des inconvénients de l'activité indépendante.

Le système que nous venons de considérer nous
semble en somme très satisfaisant, et nous voudrions pouvoir espérer qu'il fera petit à petit son
chemin dans d'autres contrées que l'Angleterre et
quelques parties des Etats-Unis où il est appliqué.
Nous comprenons fort bien M. Guizot, dans son
étude sur sir Robert Peel, déclarant les principes
fondamentaux du système éducatif anglais « sains
et pratiques ». C'est, dit-il, « l'Etat venant en aide
« aux efforts soit de l'Eglise, soit des sectes dissi-
« dentes, soit des corporations laïques, soit des
« particuliers en faveur de l'éducation populaire, et
« apportant partout dans cette grande œuvre sa puis-
« sance et sa surveillance, sans gêner nulle part ni
« la foi religieuse, ni le libre développement du
« zèle volontaire. (¹) »

Mais M. Guizot lui-même, qui aurait pu essayer
de transplanter cette organisation en France, lorsque, pendant son passage au ministère de l'instruction publique, il jetait les bases de l'enseignement

------

(¹) *Sir Robert Peel*, page 290.

primaire, n'a pas cru cependant pouvoir conseiller à son gouvernement l'adoption de ce système, en quoi il a fait preuve de clairvoyance et d'une sage prudence.

Que l'on jette les yeux sur l'état de la France, que l'on se demande quelles corporations religieuses et laïques pourraient y soutenir le gouvernement dans son entreprise, et l'on conviendra que ce pays n'est pas près de pouvoir entrer dans une voie si nouvelle, si peu conforme aux tendances générales de l'esprit national.

Ce que nous venons de dire du premier mode d'intervention de l'État, nous permettra de nous arrêter moins longtemps au second, d'ailleurs fort connu, puisque, sauf erreur, il fleurit partout en Europe, à l'exception de l'Angleterre. Dans cette seconde conception, l'État se fait lui-même maître d'école. S'il permet à l'activité volontaire de s'exercer, aux sociétés religieuses et laïques, ainsi qu'à l'initiative individuelle, de fonder et de diriger des établissements d'éducation, cependant il ignore les entreprises qui se poursuivent en dehors de son intervention, ou tout au moins il ne leur vient pas matériellement en aide. Ce système favorise l'unité dans les efforts du gouvernement. Le pouvoir central sait exactement ce qu'il fait, où il en est ; il connaît les résultats obtenus ; il se rend compte des lacunes qui restent à combler. Les sacrifices qu'il est appelé à accomplir, se répartissent également entre toutes les parties du pays. Il est en mesure d'accorder aux instituteurs un salaire rémunérateur, et par là de s'assurer un personnel enseignant suffisant pour répondre à tous les besoins; au moyen de ses écoles normales, il peut former les futurs maîtres d'école et les élever à la hauteur de leur tâche. Mais ce système a forcément pour effet de rendre la concurrence, ce précieux levier, cet incomparable agent de perfectionnement, presque impossible, en monopolisant la plus grande partie des établissements d'instruction dans les mains de l'Etat; il décourage plutôt qu'il ne favorise l'activité volontaire; il détourne de la carrière pédagogique bien des personnes que leurs goûts et leur vocation porteraient à y entrer, si elles pouvaient se rattacher à une institution dirigée par des hommes jouissant de leur confiance et entrant entièrement dans leurs vues quant à la manière de concevoir l'éducation de la jeunesse. Enfin, ce mode d'action est beaucoup plus onéreux que le premier pour la caisse de l'Etat, mais ce n'est là, après tout, que l'un des petits côtés de la question.

Entre les deux régimes qui viennent de nous occuper, se placeraient un certain nombre de systèmes intermédiaires se distinguant les uns des autres par des points de détail. C'est ainsi que l'Etat pourrait, par exemple, établir sur toute l'étendue du pays des écoles publiques entièrement à sa charge, et décider cependant que dans les localités où il y a place pour plusieurs écoles, toute liberté serait laissée aux parents de se grouper et d'organiser les études comme il leur plairait. Chaque fois que des familles représentant un certain chiffre d'élèves auraient déclaré vouloir confier leurs enfants à un instituteur désigné par elles, la caisse publique, sous certaines conditions aussi larges que possible, ferait les frais de l'école. Il serait assez naturel que l'Etat soutînt les établissements fondés dans ces conditions, puisqu'en définitive, il ne ferait que rendre aux parents l'argent qu'il leur demande pour le budget de l'instruction publique. Cette combinaison réaliserait les avantages de l'école libre en ce qu'elle permettrait à l'initiative des citoyens de se donner carrière, et obligerait en quelque manière les parents à se préoccuper davantage qu'ils ne le font de l'instruction, et plus encore de l'éducation de leurs enfants; elle favoriserait en outre la concurrence entre les divers établissements scolaires, en sorte que l'Etat serait forcé de tenir ses propres établissements au niveau des meilleurs qui existent dans le pays. Enfin les parents qui ne se soucient pas, pour une raison ou pour une autre, de confier leurs enfants à l'instituteur de l'Etat et qui les font instruire à leurs frais, n'auraient pas à payer deux maîtres, ce qui serait plus équitable.

Nous ne croyons pas que le plan que nous esquis-

sons ait été mis en œuvre nulle part, au moins sur
une certaine échelle, mais nous avons cru pouvoir
nous y arrêter parce que l'idée qu'il fait entrer dans
la pratique, a été un jour appliquée à une institution qui ressemble beaucoup à l'école : nous voulons
parler de l'Eglise. Ceux de nos lecteurs qui sont au
courant de l'histoire des relations de l'Eglise et de
l'Etat dans la grande république américaine, se rap-
pelleront sans doute un système de transition qui
fleurit quelque temps dans plusieurs des Etats du
sud, où l'Eglise épiscopale avait été jusqu'alors la
seule institution ecclésiastique officielle. A la suite de
la révolution d'où sortirent les Etats-Unis, un violent
mouvement de réaction se produisit en Virginie et
dans les contrées environnantes contre l'Eglise anglicane, dont les pasteurs avaient en général pris
parti pour la mère-patrie contre les colonies. D'autre
part, les différentes dénominations non-conformistes :
les méthodistes, les baptistes, les presbytériens, les
congrégationalistes, etc., en dépit ou peut-être à la
faveur de leur situation d'infériorité (car c'étaient
des associations absolument indépendantes et livrées
à leurs propres ressources), avaient pris un développement considérable. Il fut donc décidé qu'au lieu
de concentrer tous les bienfaits de l'union de l'Eglise
et de l'Etat entre les mains des épiscopaux, on éten-
drait aussi les faveurs du budget aux autres dénominations. Chaque citoyen indiquait la secte à la-

quelle il se rattachait, et sa contribution ecclésiastique s'en allait à sa propre église.

Cette combinaison dura un certain temps et ne prit fin que lorsque la séparation entre le domaine civil et le domaine religieux eut été effectuée. On trouverait à cette heure quelque chose d'analogue dans quelques villes du Danemark, possédant plusieurs pasteurs; dans ces localités, en effet, lorsqu'un certain nombre de citoyens se sont mis d'accord pour se donner un directeur spirituel, la loi les autorise à réclamer pour lui la reconnaissance du caractère officiel. (¹)

(¹) Le parti luthérien strict en Danemark, sous l'impulsion de son chef, le Dr Grundtvig, avait demandé, dans le second quart de ce siècle, que l'on consacrât dans l'Église nationale une liberté d'enseignement complète, contre-balancée par la rupture du lien paroissial, c'est-à-dire par la suppression de l'obligation où tout laïque se trouvait de recourir au ministère du pasteur de sa circonscription géographique. Vers 1866 ou 1868, ce parti obtint (malgré 40,000 pétitionnaires) le vote par les deux chambres d'une loi renfermant la disposition suivante : Lorsque dans l'espace d'une lieue carrée, vingt familles se déclarent prêtes à entretenir à leurs frais comme leur pasteur un théologien dûment consacré, elles ont le droit de former avec ce pasteur une « paroisse élective », rentrant dans l'organisme officiel. En 1872 ou 1873, cette loi a été renouvelée pour cinq ans par le Parlement danois. Autant que nous avons pu le savoir, il s'est formé ainsi une paroisse élective (ultra-luthérienne) à Copenhague, et six paroisses du même genre dans la province danoise.

Appliquée à l'école, cette idée se recommanderait à différents titres. Mais peut-on espérer de rencontrer beaucoup de gouvernements assez larges dans leurs vues, assez libéraux, et nous dirions presque assez humbles, pour consentir à partager en quelque sorte avec les citoyens la direction de l'instruction publique ? — Ce système offre aussi, nous le reconnaissons, des difficultés d'application qui l'empêcheraient de trouver facilement grâce devant les esprits habitués à considérer les choses surtout au point de vue administratif. L'une des principales objections que l'on pourrait lui faire, c'est de ne pouvoir s'adapter qu'aux localités d'une certaine importance.

On peut, en effet, se rattacher à un groupe religieux ne possédant pas de lieu de culte dans la commune que l'on habite, cela se voit tous les jours, mais l'école doit être placée à proximité des enfants qui la fréquentent. Or, dans les villages où le chiffre des élèves ne comporterait l'existence que d'une seule école, les minorités qui ne la trouveraient pas de leur goût seraient forcées pourtant de s'en contenter. L'égalité de tous devant la loi, ce principe si justement cher à nos sociétés modernes, recevrait par là quelque atteinte.

Malgré ces inconvénients, nous aimerions à voir l'Etat essayer ce système. Il serait intéressant d'assister à des essais de décentralisation scolaire, s'accomplissant non pas en dehors de l'action de l'Etat et comme malgré lui, mais dans les cadres officiels.

Ainsi, en résumé, l'Etat se trouvera appelé à choisir entre les trois systèmes que nous avons passés en revue. Mais, quel que soit le parti auquel il s'arrête, il y a certains principes généraux, sur lesquels il devra se prononcer. C'est la discussion de ces principes qui doit maintenant nous occuper.

CHAPITRE III

LE PRINCIPE DE L'OBLIGATION

Objections que l'on adresse à la coercition scolaire. — A quoi
elle revient dans la pratique. — Application et sanction.

L'Etat veut que l'instruction se répande le plus
possible : son intérêt l'y appelle, et, dans ce but, il
fonde ou subventionne des écoles, afin que dans
toutes les parties du pays, dans le dernier village
de la dernière province aussi bien que dans les
grandes cités, les parents soient mis en état de faire
distribuer à leurs enfants le pain de l'intelligence.

Il peut s'arrêter là, et, en fait, nous voyons que
jusqu'à ce dernier quart de siècle, dans la plupart
des pays d'Europe, comme aussi dans l'Amérique du
Nord, il n'allait pas plus loin. Il se bornait à fournir
les moyens d'instruction ; les citoyens profitaient ou
ne profitaient pas des ressources mises à leur disposition ; on les laissait entièrement libres.

Aussi longtemps que son action s'exerçait dans
ces limites restreintes, l'Etat n'était pas exposé à de
graves attaques. Tout ce qu'on pouvait lui reprocher
c'était de charger les contribuables en vue d'assurer
au pays un réseau bien organisé d'écoles, alors

qu'il eût pu laisser chaque famille se tirer d'affaire et pourvoir par elle-même aux besoins de ses jeunes membres. Mais il était bien placé pour se défendre, et son intervention se légitimait par de puissantes raisons d'intérêt national. En contester le bien fondé eût été difficile, et aucune plainte sérieuse ne s'élevait, surtout si l'Etat prenait ses mesures pour rendre les établissements officiels accessibles à tous, au pauvre comme au riche, et y protégeait la liberté de conscience des élèves en rendant facultatives les parties de l'enseignement qui auraient pu froisser certaines convictions.

Cependant les gouvernements ont dû, en général, finir par reconnaître que les sacrifices accomplis par eux ne portaient pas toujours les fruits qu'ils étaient en droit d'en attendre. Sans doute, dans certains milieux, leurs efforts étaient couronnés de succès. Les populations se montraient sympathiques à la cause des études, et, à défaut de lois pour obliger les familles à faire donner l'instruction à leurs enfants, l'opinion publique exerçait sur les parents une contrainte morale qui réagissait utilement contre l'incurie de quelques-uns ou contre cette déplorable tendance, chez les autres, à exploiter leurs fils et leurs filles. Presque tous les enfants, à l'exception de ceux — et c'était toujours le petit nombre — qui recevaient l'instruction au foyer domestique, fréquentaient avec une assiduité satisfaisante, soit les institutions soutenues par l'Etat, soit des établissements particuliers. Mais dans d'autres localités, là où les maîtres de la jeunesse n'avaient pas pour alliés naturels les parents, ainsi que les ministres de la religion, dont l'influence en matière d'éducation est toujours grande, le niveau des études, en dépit de tous les sacrifices accomplis par l'autorité, demeurait souvent très bas.

Le régime de la liberté entière du père de famille, qu'il est aisé d'étudier dans ses effets, puisqu'il est encore en vigueur dans quelques-uns des pays qui nous entourent, et que dans la plupart des autres il n'a pris fin que dernièrement, prête encore à certaines observations qui ne sont pas sans intérêt. Sous ce régime, l'état moyen des connaissances reste dans les populations catholiques inférieur à ce qu'il est au sein des populations protestantes. Les élèves des écoles sont plus fréquemment retenus à la maison, moins surveillés, moins encouragés dans leurs efforts. Le temps laissé à l'étude est aussi plus court, et la première communion, qui a lieu vers douze ans, marque presque invariablement, pour la grande masse, la fin des années de scolarité.

Dans les populations protestantes, l'opinion est d'ordinaire plus sympathique à tout ce qui se fait pour la diffusion des connaissances élémentaires, l'autorité ecclésiastique plus portée à associer ses forces à celles de l'Etat; cependant bien des élèves ne fréquentent qu'irrégulièrement l'école. En thèse générale, l'enfant est censé étudier jusqu'au moment de sa première communion, c'est-à-dire jusqu'à l'âge de seize ans environ, mais il n'est point rare cependant qu'il soit beaucoup plus tôt enlevé à l'instituteur.

On peut constater, en outre, une différence très sensible dans la manière dont les diverses classes de la société profitent des ressources éducationnelles qui leur sont offertes. Tandis que les familles jouissant d'une certaine aisance sont attentives à ce que leurs enfants profitent de leurs jeunes années pour s'instruire, les familles pauvres apportent souvent à l'éducation des leurs une négligence incroyable. Elles utilisent leurs services, et ne voient pas plus loin. Il faut se souvenir, pour s'expliquer cette étrange insouciance, que la misère ne porte pas seulement celui qu'elle étreint à courir au plus pressé, à ce qui apaisera sa faim et sa soif, mais qu'elle obscurcit encore chez lui les conseils les plus sages et les plus clairs de la raison. Tout à la satisfaction des besoins présents, il perd de vue le lendemain : on dirait qu'il n'ose pas y croire.

Il est vrai que les déficits inhérents au système de l'instruction facultative s'atténuent avec le temps par la pratique même de la liberté. A mesure que l'instruction se répand, elle se fait aimer et plaide ainsi elle-même sa cause. Les personnes qui ont eu le privilège d'acquérir quelques connaissances ne se résignent pas volontiers à refuser à leurs enfants un bienfait qu'elles ont eu si souvent l'occasion d'apprécier, et auquel elles doivent une grande partie de ce qu'elles sont et de ce qu'elles ont pu faire. Elles tiennent donc la main à ce qu'ils fréquentent l'école ; elles comprennent mieux leurs devoirs envers eux et savent, quand il le faut, s'imposer dans leur intérêt des dérangements, voire même des sacrifices réels. Aussi bien à notre époque de progrès, où partout des efforts jusqu'ici inconnus s'accomplissent pour élever le niveau intellectuel et moral des masses, où l'ignorance est non seulement une lacune grave, une cause d'infériorité manifeste, mais encore un sujet de honte et d'humiliation, comment les connaissances nécessaires à tous ne tendraient-elles pas à s'imposer de plus en plus ? Il faut marcher avec les temps, et, pour réussir en ce siècle, un certain degré de culture est absolument indispensable. On peut donc dire avec certitude que, même en l'absence de toute contrainte exercée par l'Etat pour obliger les parents à mettre leurs enfants en possession des lumières de l'esprit qui leur sont nécessaires, l'intérêt pour l'étude ne ferait que grandir ; on peut affirmer que le nombre des illettrés irait en diminuant, et que l'on aurait toujours plus lieu de s'étonner chaque fois que l'on verrait un jeune homme ou une jeune fille entrer dans la carrière active sans être muni au moins des connaissances élémentaires indispensables.

Mais faut-il conclure de ce qui précède que l'ignorance doive se dissiper toute seule, pourvu que l'Etat continue à ouvrir des écoles aussi bonnes que possible et partout où le besoin s'en fait sentir ? Peut-on espérer que, dans ces conditions, le jour doive venir où chaque enfant possèdera le capital intellectuel que ses parents et la société lui doivent ?

Un homme dont l'opinion en ces matières possède une autorité particulière, le regretté E. Bersot, publiait ce qui suit dans ses *Essais :* « L'Etat interviendrait pour rendre l'instruction obligatoire, je suis convaincu que cette intervention serait parfaitement juste. Mais convient-il qu'il intervienne ?... Avant d'en arriver à cette mesure extrême de l'obligation, il y a trois mesures préalables qui se présentent : connaître tous les enfants qui ne vont pas à l'école, agir sur les parents pour qu'ils les y envoient, ouvrir l'école gratuite à ceux qu'on y enverra. Lorsqu'on aura épuisé les moyens que nous venons d'indiquer pour obtenir l'instruction de tous les enfants, nous trouverons bien que l'on recoure à l'obligation, mais pas avant. » (1)

Or, si excellentes que soient ces diverses recommandations, nous ne croyons pas qu'elles démontrent l'inutilité de la contrainte légale exercée sur les parents. Il y aura toujours, en effet, même dans les milieux les plus éclairés, même avec les meil-

---

(1) *Essais de philosophie et de morale*, tome II. — Paris, 1864, pages 100-102.

leures écoles et avec toutes les facilités offertes à
ceux qui désirent en profiter, des chefs de famille
négligents ou coupables, sur lesquels la persuasion
demeure impuissante, et qui ne rempliront leurs
devoirs en ce qui concerne l'instruction de leurs
enfants que si l'Etat convertit l'obligation morale
qui leur en est faite en une obligation légale formelle.

Il faut croire que le principe de l'instruction obligatoire se recommande par de fortes raisons, car,
d'un côté, nous voyons presque tous les gouvernements, les uns après les autres, l'inscrire dans la
loi, et, de l'autre, nous n'avons pas appris qu'un
seul de ceux qui l'ont adopté se soit vu amené à y
renoncer ensuite.

C'est le Wurtemberg, le pays que nous trouvons
en général à la tête de toutes les réformes scolaires,
qui a donné le branle en entrant, dès l'année 1649,
dans la voie de la coercition. La Prusse l'adoptait
en principe en 1769, mais la loi qui l'a rendue
effective ne date que de 1819. En Autriche, elle a
été consacrée par une ordonnance de 1809. Elle
existe en Suède depuis 1723, et la Norwège la
possède également. Le Danemark l'a décrétée en
1814, l'Italie en 1859. Le principe de l'obligation
figure dans l'Acte de 1870 qui a fondé l'enseignement public en Angleterre, mais avec cette
réserve que les comités scolaires locaux ne sont
pas forcés de l'appliquer. La Suisse a fait en-

trer l'obligation scolaire dans le corps même de la nouvelle Constitution fédérale de 1874, de sorte qu'à l'heure présente elle est en vigueur dans tous les cantons, dont quelques-uns, d'ailleurs, l'avaient déjà auparavant introduite dans leur propre législation. L'idée a fait son chemin aussi dans quelques Etats de l'Union Américaine, en particulier dans celui de Massachussets et dans le Connecticut ; s'il n'en a pas été de même dans tous, cela tient à des causes très diverses, entre lesquelles il faut signaler, pour quelques-uns, la difficulté d'appliquer un tel régime à des contrées en voie de formation et ne possédant encore qu'une administration très incomplète, et, pour les autres, la sympathie dont jouit partout l'instruction, et qui fait que le besoin d'une contrainte légale a été moins vivement senti en Amérique qu'en d'autres contrées.

Enfin, dans sa nouvelle loi scolaire du 28 mars 1882, la France a accompli la même évolution (¹).

On sait ce qui constitue, aux yeux de nos gouvernements modernes, l'instruction obligatoire. L'Etat ne se contente pas d'imposer à l'enfant un minimum de connaissances, telles que savoir lire, écrire, compter, posséder la grammaire, les élé-

____

(¹) Lorsqu'en 1872, M. de Laveleye publiait son ouvrage : *L'Instruction du peuple*, le système coercitif avait cause gagnée dans les pays avancés de l'Europe, excepté en Russie, en Belgique et en Hollande.

ments de l'histoire et de la géographie ; il exige, en outre, que ses jeunes années soient remplies par les devoirs de l'étude ; l'autorité ne veut pas qu'un enfant de huit ou neuf ans, par exemple, même après avoir fait d'excellents examens, puisse quitter l'école et être considéré comme sachant tout ce qu'il doit savoir, comme étant, par conséquent, en règle avec la loi (¹). Les parents ne sont nullement tenus d'envoyer leurs fils et leurs filles dans les établissements de l'Etat ; ils sont libres de les mettre dans l'institution qui leur plaît, particulière ou officielle, ou de leur faire donner des leçons à domicile. Mais si l'enfant ne suit pas l'école publique, l'Etat s'assure qu'il acquiert ailleurs une instruction équivalente à celle qu'il y aurait reçue. Une pénalité spéciale est prévue pour les différentes infractions à la loi.

Dans les pays où l'instruction obligatoire a été décrétée d'une manière brusque, sans que l'organisation d'un système complet d'écoles officielles en eût préparé l'avènement, ce n'est pas sans une résistance plus ou moins vive que l'on a fini par se sou-

---

(¹) La loi française du 28 mars 1882 a pourtant admis, ce qui nous paraît une disposition heureuse, qu'un enfant ayant parcouru tout le champ d'études de l'école primaire, peut, dès l'âge de onze ans, être dispensé du temps de scolarité obligatoire qui lui reste à faire. Il doit pour cela obtenir, après un examen public, un « certificat d'études primaires ».

mettre à cette contrainte; — nous verrons tout à l'heure comment les adversaires de la coercition scolaire ont cherché à plaider leur cause. Mais dans les contrées où il en était autrement et où les populations avaient été petit à petit amenées à regarder l'instruction comme une chose de première nécessité, les mesures législatives destinées à assurer la fréquentation de l'école officielle ou libre par tous les enfants ne recevant pas l'instruction au domicile, ont été accueillies au contraire sans surprise et sans résistance. Les pères et mères qui prenaient au sérieux leurs devoirs vis-à-vis de leurs enfants et qui se savaient appelés à les « nourrir, à les entretenir et à les élever » pour emprunter le langage du code, n'ont rien eu à changer à leurs habitudes ; ils ont continué comme par le passé à leur faire donner l'instruction en mettant à profit, dans la mesure qui leur convenait, les ressources de l'enseignement organisé par l'État. Les seules personnes qui aient eu à souffrir de l'intervention du pouvoir civil en faveur de la fréquentation de l'école, appartiennent précisément, à peu d'exceptions près, à cette catégorie de parents que l'on voulait atteindre comme ne remplissant pas d'une manière satisfaisante leurs obligations morales envers les enfants confiés à leurs soins.

Nous avons eu, en ce qui nous concerne, le privilège d'assister, il y a quelques années, dans un pays habitué de vieille date à honorer l'étude, à l'introduction du régime de l'instruction obligatoire. Cette substitution s'opéra sans la moindre secousse, sans la moindre réclamation. A peine s'en aperçut-on dans le public. Les parents qui n'avaient pas la conscience de s'être conduits jusque-là envers leurs enfants d'une façon parfaitement correcte, se tinrent pour avertis. L'instruction obligatoire fut considérée comme le développement nécessaire du régime de l'instruction publique. Personne, même parmi ceux qu'elle contrariait le plus, ne songea à mettre en question la légitimité de l'intervention de de l'Etat en ces matières. Il ne nous souvient pas d'avoir entendu un orateur s'élever contre elle, d'avoir lu une seule brochure, un seul article de journal qui lui fût hostile. C'est à peine si les tribunaux chargés de prononcer sur les délits contre la loi scolaire, rendirent dans les premiers temps quelques jugements contre des personnes récalcitrantes. Nous avons pu voir alors se reproduire en Suisse (car c'est de la Suisse qu'il s'agit) ce phénomène que l'on a constaté presque partout en Allemagne, où l'instruction obligatoire est depuis longtemps entrée dans les mœurs, celui d'une loi de contrainte acceptée par tous et n'apparaissant nullement comme une gêne, mais bien plutôt comme la consécration d'un devoir élémentaire. (¹)

____

(¹) M. Baudoin a relevé, dans son *Rapport sur l'enseignement primaire en Allemagne*, le fait qu'en Prusse,

On a adressé souvent au principe de la coercition scolaire certaines objections assez graves. On lui a reproché de porter atteinte à l'autorité du chef de famille, d'enlever l'enfant à ses parents auxquels il est souvent indispensable, de détourner les jeunes générations des travaux humbles, des occupations manuelles, et de leur inspirer une ambition malheureuse pour les carrières plus brillantes, qui ne sont pas toujours plus sûres, etc., etc.

Il peut y avoir dans ces griefs un peu de vérité ; cela dépend de la manière dont l'Etat comprend son rôle (¹), et nous estimons qu'il doit veiller attentivement à ne pas donner, par sa conduite, une apparence de raison à ces craintes, si exagérées qu'elles soient.

---

en l'année 1864, l'exécution de la loi rendant l'instruction obligatoire n'a donné lieu qu'à une dizaine de contraventions, de sorte que l'on peut dire que dans ce pays « il n'y a lieu d'appliquer aucune peine. » (Cité par C. Hippeau : *l'Instruction en Allemagne*, page 18.)

(¹) L'Etat encourrait ces reproches s'il rendait, par exemple, la fréquentation de l'école obligatoire jusqu'à un âge trop avancé. Plutôt que de donner dans cet excès, il ferait mieux d'abaisser la limite d'âge, mais en se réservant d'astreindre les jeunes gens qui seraient sortis de l'école sans posséder les connaissances jugées nécessaires, à suivre des leçons du soir, encore pendant un certain temps. Ces « écoles de perfectionnement » ont donné de bons résultats en Allemagne, et elles nous paraissent se recommander à l'attention des gouvernements.

Exagérées, elles le sont en effet, et elles doivent l'être, puisque, dans tous les pays où le principe de l'instruction obligatoire a pris solidement pied, elles cessent de se manifester.

D'ailleurs, n'oublions pas que, dans nos idées modernes, on reconnaît à l'enfant un droit à l'instruction, et que l'Etat, gardien naturel de ses intérêts, a la mission de lui assurer ce bienfait. Or, qui veut la fin doit vouloir aussi les moyens, et ici nous n'avons pas le choix; il n'y a qu'une alternative possible : exiger que l'enfant soit mis à même d'apprendre les choses qui sont reconnues lui être indispensables.

Comment procédera l'Etat pour s'assurer que le principe de l'instruction obligatoire est appliqué sur toute l'étendue du pays ?

Il recourra forcément à un système d'inspection. Si l'enfant est enregistré dans une école officielle, l'autorité saura bien vite à quoi s'en tenir sur son compte. Il sera fait à chaque séance l'appel de tous les élèves; lorsque les absences non motivées se répéteront de manière à prendre un certain caractère d'habitude, et qu'elles dépasseront dans la semaine, le mois ou le trimestre, le chiffre inscrit dans la loi comme l'extrême limite de l'irrégularité scolaire tolérée, une pénalité sera prononcée contre le ou les coupables. — C'est là, d'ailleurs, un point sur lequel nous aurons à revenir. Les irrégularités prolongées étant seules sérieusement punies, est-ce à dire que les petites irrégularités, les absences isolées devront passer inaperçues? Nullement : le maître ne manquera pas de s'enquérir de leur cause, afin de punir l'enfant s'il y a de sa faute et de renseigner ses parents sur sa conduite. Tout cela va de soi. Du moment que l'enfant aura fréquenté assidûment l'école et qu'il y aura été astreint à tous les travaux de sa classe, l'Etat n'aura pas à s'inquiéter du degré de ses connaissances : l'enfant apprend ce qu'il peut apprendre, et il ne saurait lui être demandé davantage. L'autorité scolaire fera pourtant procéder à des examens, mais dans un tout autre but que celui de constater si l'enfant a bien et dûment acquis les connaissances déclarées obligatoires pour son âge. Ce sera simple affaire d'inspection.

Dans les établissements d'instruction qui ne relèvent pas de l'Etat, la surveillance serait plus difficile si l'on devait se faire une opinion dans chaque cas particulier et examiner séparément les élèves pour s'assurer qu'ils n'ont pas perdu leur temps. Mais ce qui simplifiera la tâche de l'Etat, c'est d'abord que ces écoles, d'ailleurs peu nombreuses (parce que l'enseignement officiel a toujours pour résultat de créer au profit de l'autorité publique une sorte de monopole de l'enseignement), sont en général fréquentées par des enfants dont les parents, bien loin de négliger l'instruction, y attachent une très grande importance et désirent, en choisissant pour leurs fils ou leurs filles un autre établissement que l'institution officielle, leur procurer une culture supérieure encore à celle que l'on reçoit dans les écoles du gouvernement. Avec des parents animés de ces dispositions et plus soucieux que l'Etat lui-même de voir leurs enfants mis au bénéfice d'une bonne et solide culture élémentaire, le pouvoir civil n'a pas à se mettre en frais de surveillance; il saura bien vite à qui il aura affaire, et ce qu'il devra surtout éviter dans ce cas, c'est un excès de zèle qui ressemblerait à de l'inquisition ou à une mesquine tracasserie.

En outre, l'Etat, comme nous aurons l'occasion de le voir en parlant des écoles libres, peut toujours, s'il le juge nécessaire, exiger des chefs d'institutions privées des garanties de capacité. Il sait par conséquent quel genre d'études on peut faire chez monsieur un tel ou madame une telle. Mais cependant, s'il lui arrive d'avoir des doutes, de se trouver en présence d'établissements où il puisse supposer que le niveau des études reste au-dessous de celui qui est atteint dans l'école primaire, rien ne l'empêche, pour s'édifier complètement, de faire subir un examen aux élèves qui les fréquentent. Le résultat est-il satisfaisant, il n'aura pas à intervenir autrement; mais si, au contraire, ses craintes étaient fondées, il avertirait les parents de l'obligation dans laquelle il se trouve d'exiger davantage de leurs enfants, et ceux-là verraient alors ce qu'ils ont à faire pour se mettre en règle avec la loi. Nous croyons d'ailleurs que l'on n'aura que très rarement, beaucoup plus rarement que l'on ne serait porté à se l'imaginer, l'occasion d'intervenir de la manière que nous venons d'indiquer.

Restent enfin les enfants qui ne fréquentent aucune école et qui reçoivent l'instruction chez eux. Ils rentrent, pour la plupart, dans deux catégories fort distinctes. Ou bien ils appartiennent à des parents qui se trouvent dans une bonne position de fortune et qui, pour des motifs dont nous n'avons pas à nous occuper, préfèrent les initier, dans l'intérieur de la famille, aux rudiments des connaissances humaines; ou bien ils appartiennent à des parents pauvres, indifférents aux bienfaits de l'instruction ou pressés par le besoin, et qui les retiennent loin de l'école, non pas pour les faire étudier à la maison, mais pour les occuper à des travaux manuels. Dans le premier cas, le devoir de l'Etat est extrêmement simple ; s'il a quelques doutes sur la suffisance de l'instruction donnée, il peut faire procéder à un examen. Dans le second cas, l'Etat sommera les parents en défaut de s'exécuter vis-à-vis de la loi; s'ils refusent de faire le nécessaire, et que l'enfant continue à rester dans l'ignorance, le pouvoir civil a alors recours aux pénalités dont il dispose pour assurer l'exécution des prescriptions légales.

Comme on voit, si l'Etat veut rester dans son rôle de gardien de la loi et s'abstenir de toute ingérence inquisitoriale et irritante, s'il veut obéir à un esprit vraiment libéral, il réussira sans beaucoup de peine à faire entrer dans la pratique le principe de l'instruction obligatoire. Nous avons cherché à expliquer d'une manière générale comment il s'y prendra pour cela, et nous ne voyons rien, dans tout ce que nous avons dit, qui soit de nature à froisser les légitimes susceptibilités d'un père de famille jaloux de sa liberté.

Il va sans dire que, dans l'application, les différents gouvernements ne procèderont pas toujours de la même manière : l'organisation de la police scolaire, si nous pouvons nous exprimer ainsi, variera sans que le résultat auquel on désire arriver soit moins sûrement atteint.

Dans la plupart des Etats allemands, le pouvoir central s'en remet du soin de rendre effective l'obligation de l'instruction aux comités scolaires locaux. Chaque année ceux-ci, à l'ouverture des classes, dressent une liste des enfants de la commune en âge de fréquenter l'école publique; une enquête est faite sur ceux d'entre eux qui ne répondent pas à l'appel, et si l'on estime que la loi a été violée, les parents sont mis en demeure de régulariser leur situation dans un temps donné. En Prusse — et l'exemple de ce pays a été imité par d'autres Etats allemands — la loi de 1819 statue que l'enfant ne peut manquer une seule classe sans y avoir été autorisé par le maître ; si son absence doit se prolonger, il demandera une permission au comité local de surveillance, qui sera toujours libre de la lui refuser. Les parents se montrent-ils impuissants à assurer la fréquentation de l'école, il pourra leur être substitué un tuteur particulier qui y tiendra la main.

En Angleterre, les comités scolaires (*School Boards*), institués dans chaque district, sont chargés de rechercher les parents réfractaires ; ils les envoient devant le juge, qui statue sur la gravité du délit et dispose d'un certain nombre de pénalités, dont quelques-unes très sévères. L'*Acte* de 1870, qui a rendu l'instruction obligatoire dans ce pays, n'est pas encore arrivé, à ce qu'il semble, à établir une procédure parfaitement en harmonie avec les mœurs d'un peuple où le respect de la liberté individuelle est porté extrêmement loin ; quiconque a feuilleté dans le courant de ces dernières années les numéros du *Punch*, ce journal qui n'est léger que dans la forme, aura pu se convaincre que la législation scolaire anglaise prête encore le flanc, au moins sur le point qui nous occupe ici, à de sérieuses critiques.

Dans la plupart des cantons suisses, la direction de l'instruction publique partage avec l'autorité locale la haute surveillance à exercer sur les enfants pour l'observation des exigences scolaires. Des peines, commençant par des amendes, mais pouvant arriver jusqu'à la prison, sont prononcées contre les délinquants, les parents ou tuteurs, soit par le gouvernement lui-même ou ses délégués — les préfets par exemple —, soit par les municipalités, soit par les tribunaux. Il règne à cet égard une assez grande diversité de méthodes.

Aux Etats-Unis, c'est dans l'Etat du Massachusetts que les mesures les plus sévères ont été prises pour assurer la fréquentation de l'école. L'autorité y a institué des fonctionnaires spéciaux dont la mission est de se renseigner dans chaque localité auprès des comités scolaires sur l'assiduité à l'école publique des enfants qui ne satisfont pas par d'autres moyens à leurs obligations scolaires. Si, en dépit d'avertissements réitérés donnés aux parents, l'enfant persiste à suivre la classe d'une manière qui laisse trop à désirer, les *truant officers* (c'est le nom donné aux inspecteurs dont nous parlons) l'emmènent de force dans un établissement où, soustrait à l'influence de la famille, il reçoit l'instruction qui convient à son âge et à son degré de développement.

En Suède et en Norwège, lorsque les parents ne font pas leur devoir, l'enfant leur est enlevé pour être placé dans des familles particulières, par les soins du bureau des pauvres. En Danemark, l'Etat s'est accordé le même droit, en principe, mais il n'en use pas.

Les dispositions de la loi française du 28 mars 1882

relatives à la mise en œuvre du principe de l'instruction obligatoire sont connues. D'après cette loi, chaque année, au moment de la rentrée des classes, le maire dresse la liste de tous les enfants de la commune en âge de scolarité, et il inscrit d'office comme élèves de l'école de l'Etat ceux d'entre eux qui ne lui ont pas été annoncés comme devant suivre un enseignement particulier ou privé. L'instituteur de l'école publique envoie chaque mois au maire les noms des enfants qui ont fait preuve d'irrégularité. La même chose est exigée, sous peine d'une pénalité qui pourra aller jusqu'à leur suspension, des directeurs d'écoles privées, et, dans les deux cas, les motifs des absences sont appréciés par la commission municipale scolaire ; y a-t-il résistance prolongée aux avertissements de la commission, les parents ou le tuteur de l'enfant seront mandés devant le juge de paix pour avoir à répondre de contravention à la loi scolaire. La pénalité prévue comprend les peines de police. Quant aux enfants à qui l'instruction est donnée dans la famille, ils sont tenus de subir chaque année un examen portant sur les matières qui leur auraient été enseignées s'ils avaient fréquenté l'école publique. A défaut de résultats satisfaisants, les enfants sont astreints à suivre les leçons d'une école publique ou privée.

Mais ce n'est pas seulement l'instruction faite à domicile, c'est aussi celle qui se donne dans les écoles privées qui peut paraître insuffisante. Il pourrait donc se faire que l'Etat, en soumettant à certaines conditions, qui sont déjà une première garantie d'un enseignement sérieux, l'ouverture des écoles privées, se réservât aussi de frapper d'une sorte d'interdit celles d'entre elles qui offriraient des lacunes trop graves. Dans le projet Paul Bert, lorsqu'un pareil cas se présentait, le conseil départemental déclarait purement et simplement que « les formalités de l'obligation de l'enseignement « primaire ne pouvaient être accomplies » dans lesdites écoles. Nous aurons à revenir sur cette mesure en parlant de la liberté d'enseignement. Disons seulement ici, au point de vue qui nous occupe, que l'on pouvait avec avantage, il nous semble, arriver aux mêmes fins par une autre combinaison, comme par exemple en assimilant les élèves des écoles privées aux enfants qui reçoivent l'instruction à domicile, et en décrétant que, pour les uns comme pour les autres, la non acceptation de deux ou trois examens consécutifs entraînerait l'obligation de suivre les leçons de l'école primaire officielle. On saurait bien vite quelles sont les écoles privées dont les élèves ont échoué dans les examens ; ces établissements se verraient nécessairement retirer la confiance, et, à moins d'efforts énergiques, il leur serait difficile de se relever. Mais du moins, s'ils devaient se fermer, ce serait par la force des choses, et non par un arrêté toujours discutable de l'autorité. Du reste, logiquement, ce ne sont pas seulement les directeurs d'écoles privées au-dessous de leur tâche qui devraient être privés du droit d'enseigner; si l'on entre dans cette voie, pourquoi ne pas frapper de la même peine les maîtres particuliers que l'on appelle dans les familles et dont les élèves échoueraient dans les examens officiels auxquels ils sont soumis?

Les moyens peuvent varier, mais partout où l'instruction obligatoire a été décrétée, l'Etat réussit toujours d'une manière ou d'une autre à la réaliser dans la pratique. Des trois prescriptions qui sont imposées au chef de famille par le code, se faisant ici l'interprète de la loi naturelle, on reconnaîtra que c'est encore la dernière qui souffre le moins de difficultés dans l'application. Quand il s'agit de déterminer si un enfant est suffisamment nourri et vêtu, il est malaisé d'établir une règle fixe. Où commencent les privations qui permettent de dire qu'un enfant a faim ou qu'il a froid? Bien souvent il arrive que la loi demeure impuissante à empêcher des maux indéniables, parce qu'ils ne présentent pas un caractère délictueux assez marqué. Entre être nourri et manquer du nécessaire, entre être vêtu et avoir froid, il y a bien des degrés, et les agents de l'autorité se voient forcés de s'en tenir aux cas extrêmes, d'autant plus qu'avant de retirer à un père ou à une mère la puissance paternelle et de soustraire l'enfant à ses protecteurs naturels pour le confier à un tuteur agissant en leur lieu et place, on y regarde à deux fois. Il n'en est pas de même dans la réalisation du principe de l'instruction obligatoire ; là, en effet, il n'est pas nécessaire que le mal arrive à ses dernières limites pour tomber sous le coup de la loi ; les parents réfractaires sont avertis à plusieurs reprises ; l'application des mesures pénales ne vient que plus tard, et enfin ce n'est que dans les cas les plus graves que l'Etat pourra se déterminer à priver de la puissance paternelle le chef de famille et à lui enlever ses enfants.

L'application du principe de l'instruction obligatoire devrait entraîner des conséquences pénibles, qu'il faudrait bien s'y résigner ; mais on n'en est que plus heureux lorsque le résultat cherché peut être obtenu sans difficultés sérieuses, et c'est à cela que l'on arrivera partout, partout du moins où les gouvernements poursuivent leur tâche avec sérieux et impartialité, sans y mettre de la passion politique ou religieuse.

Chaque fois que l'Etat voudra réaliser en pratique le principe de l'instruction obligatoire, il aboutira à jeter dans l'école officielle un grand nombre d'enfants auxquels leurs parents ne peuvent procurer un enseignement privé. Cette école, imposée à tant de familles, devra donc nécessairement être organisée de manière à ce que chacun puisse la fréquenter et s'y sente chez lui. Toute disposition qui aurait pour effet d'en éloigner certains élèves devra être soigneusement écartée. Elle est soutenue par l'argent des contribuables, et ce ne saurait être pour favoriser les desseins d'un parti ou d'une coterie que l'on impose toute une population. A quelles conditions l'école officielle doit-elle répondre, c'est ce que nous avons maintenant à nous demander.

Ces conditions, que nous allons reprendre en détail, se ramènent à deux : L'école officielle offrira un enseignement sans caractère de tendance ; la fréquentation de cette même école sera gratuite.

Nous pourrions ajouter que, sous le triple rapport de la distance du domicile, de l'hygiène et de la nature de l'enseignement qui y est donné, elle répondra aux *desiderata* légitimes des parents ; mais c'est là une question que le bon sens populaire résoudra trop aisément pour qu'il y ait utilité à nous y arrêter.

CHAPITRE IV

LE PRINCIPE DE LA NEUTRALITÉ

Abandon de l'enseignement confessionnel. — L'enseignement religieux sans caractère confessionnel, et ses difficultés. — De la liberté du père de famille et de celle de l'instituteur. — L'enseignement religieux donné à l'école par les Eglises : ce qu'il devrait être. — L'instituteur ne sera pas un maître de morale. — De la laïcisation du personnel enseignant. — La politique exclue aussi de l'école. — Les garanties de la neutralité, tant religieuse que politique, de l'école.

L'école de l'Etat ne sera accessible comme elle doit l'être à tous les enfants du pays que si elle est conçue et organisée de manière à ne froisser aucun sentiment respectable, à ne heurter aucune conviction, aucune opinion, ni chez les élèves, ni chez leurs parents ; que si, en un mot, toutes les familles y peuvent envoyer de confiance leurs jeunes membres.

Le maître n'est-il tenu d'enseigner que les rudiments des connaissances humaines, il n'y aura rien à craindre à cet égard. Tant que les leçons rouleront sur l'écriture, la lecture, l'orthographe, l'arithmétique et les autres branches élémentaires du savoir, il lui sera facile de rester dans cette neutralité absolument indispensable ; quels que soient les élèves, à quelque classe sociale qu'ils appartiennent, quelque éducation qu'ils reçoivent chez eux, tous pourront profiter de l'école publique ; personne n'en sera repoussé par ce qu'il y aura entendu.

Mais il est d'autres objets d'étude où l'accord que nous venons de signaler n'est plus possible. Que le maître, par exemple, se mette à discourir sur la religion, pour peu qu'il sorte des généralités, aussitôt il s'expose à mécontenter une partie des parents, qui ne partagent pas ses vues et qui tiennent à élever leurs enfants dans leurs idées propres. Que ce genre d'entretiens revienne quelquefois, voilà donc des familles obligées, ou bien de retirer leurs fils et leurs filles de l'école destinée à tous, ou bien de subir une violence douloureuse si elles les y laissent.

L'école primaire officielle, pour répondre à son but et rester dans son rôle, se gardera donc avec soin d'offrir un enseignement ayant à aucun degré un caractère de tendance. La neutralité la plus stricte lui est imposée dans toutes les questions de croyances et d'opinions qui divisent les hommes. Elle ne fera entrer dans son programme que ces éléments de toute connaissance positive qui font nécessairement partie de l'éducation de l'enfant et qui ne s'enseignent pas de deux manières différentes.

Du reste, quel objet l'Etat poursuit-il en organisant des écoles? Son but est-il de faire enseigner la vertu aux futurs citoyens? Veut-il réagir contre la fâcheuse influence morale exercée par certains parents sur les enfants confiés à leurs soins? Non, ou tout au moins ce n'est pas là ce qui le préoccupe tout d'abord. Reconnaissant que l'instruction du peuple est d'un grand intérêt national et qu'elle contribue puissamment à la prospérité générale; se souvenant en outre que l'instruction est une des choses dues à l'enfant par ses parents, et qu'il lui incombe à lui, le gardien de la justice, d'assurer de la part de ceux-ci le paiement de cette dette sacrée, il prend ses mesures pour faire distribuer, aussi largement que possible, les connaissances intellectuelles, qui seront une semence si féconde. Voilà l'objet qu'il poursuit, sa préoccupation dominante.

Maintenant, comme de l'aveu de tous l'instruction ne se suffit pas à elle-même et qu'elle a besoin pour porter de bons fruits de s'appuyer sur un fonds de principes sains et solides; comme à la culture de l'esprit doit se joindre l'éducation du cœur, de la conscience, de l'âme tout entière, nous ne prétendons nullement que l'école officielle doive s'interdire toute incursion sur le terrain de l'éducation proprement dite. Seulement elle devra, là aussi, s'en tenir à ce qui est universellement reçu et accepté.

L'instituteur de l'Etat gardera donc une prudente réserve sur certaines questions, à commencer par tout ce qui est du domaine religieux Arrêtons-nous un moment sur ce premier point, et avant d'aller plus loin, avant de nous demander à quels autres objets devra s'étendre sa neutralité, voyons quelle sera son attitude en présence des choses relatives à la foi.

Les enfants qui fréquentent l'école officielle appartiennent à différentes confessions. Ils se rattachent pour la plupart, dans les pays avancés de l'Europe et de l'Amérique, à la religion catholique et à la religion protestante. Voilà qui ferait déjà deux groupes importants, mais il faut encore les subdiviser et légories secondaires. Si nous sommes en Allemagne ou en Suisse, nous risquons d'avoir à côté des catholiques romains, des catholiques indépendants ou vieux-catholiques, en révolte contre le pape et que les premiers anathématisent. Les protestants ne forment pas non plus une seule famille, et s'ils sont tous d'accord pour rejeter l'autorité de la curie romaine et se mettre en dehors du catholicisme, ils ne le sont plus quand ils doivent formuler leur dogmatique : ils se séparent en différentes dénominations, et, en outre, presque dans chaque Eglise, en deux groupes séparés par de profondes divergences de vues : les orthodoxes ou évangéliques, qui admettent le surnaturel dans l'interprétation des documents bibliques, et les libéraux ou rationalistes, qui le rejettent. Ce désaccord initial est gros de conséquences ; il donne naissance en particulier à deux notions très distinctes de la prière.

Or, il est bien certain que lorsque presque partout orthodoxes et libéraux célèbrent leur culte à part, ils ne consentiront pas volontiers à se rencontrer dans l'école, en confiant leurs enfants à un même maître de religion.

A côté des élèves qui se rattachent à la confession catholique et à la confession protestante, nous trouvons encore des Juifs. Enfin nous ne pouvons non plus négliger de mentionner les enfants des libres penseurs sérieux et convaincus qui, au point de vue religieux, forment encore une classe à part. Les écoles publiques offriront ainsi en matière de doctrines de grandes bigarrures, car il ne saurait être question d'ouvrir autant de classes distinctes que l'on comptera dans la population d'Eglises, de sectes ou d'opinions.

Du moment que l'instituteur ne peut donner un enseignement religieux qui s'adresse à tous ses élèves à la fois, et que tout essai de sa part de répondre aux besoins des uns serait une violence faite à la conscience des autres, il n'y a pas d'hésitation possible, et l'Etat n'a qu'un parti à prendre : c'est d'élaguer des programmes officiels tout enseignement dogmatique.

L'école ne sera ni catholique, ni protestante, ni juive ; ni orthodoxe ni libérale ; ce ne sera pas non plus une institution chargée de propager l'incrédulité. Au point de vue religieux elle sera neutre, et, pour nous servir d'une expression qui est dans toutes les bouches, elle sera *laïque*. Mais la laïcité peut être entendue de deux manières différentes, l'une incomplète et selon nous insuffisante, l'autre entière et conséquente.

Certains gouvernements ont cru avoir assez fait de proscrire de l'école l'enseignement dogmatique, mais quant à en exiler la religion, ils s'y refusent — ce serait trop grave — et ils résolvent la difficulté en faisant figurer au programme un enseignement portant sur les généralités de la religion. Il y a, en effet, un certain nombre de points communs aux différents cultes, tels, par exemple, que la foi en Dieu et à une vie à venir. Ne pourrait-on pas, s'est-on dit, retenir ces grandes vérités sur lesquelles catholiques et protestants, chrétiens et juifs, orthodoxes et libéraux se rencontrent, et en faire l'objet d'un enseignement général, sans caractère confessionnel, et pouvant ainsi être donné à tous les enfants ?

Ce point de vue a prévalu dans plusieurs pays, notamment presque partout en Angleterre, en Allemagne, dans les Etats du nord de l'Europe, dans l'Union américaine, ainsi que dans plusieurs cantons suisses, où l'idée de conserver à l'école une « atmosphère religieuse » tenait particulièrement à cœur aux populations. La religion a donc gardé une place dans les matières obligatoires de l'enseignement, mais une place restreinte, puisqu'il ne s'agissait plus de donner une instruction dogmatique et de faire réciter le catéchisme protestant ou catholique. L'enseignement religieux, de confessionnel qu'il était, est devenu non confessionnel ou interconfessionnel, *unsectarian*, comme on dit en Angleterre et en Amérique.

Ce système constitue, il faut bien le reconnaître, un progrès considérable dans le sens de la liberté de conscience. Jusqu'au commencement de ce siècle, en effet, l'école n'était encore en tout pays qu'une succursale de l'Eglise ; organisée par elle, dans un but de propagande religieuse , elle offrait aux enfants un enseignement conforme aux doctrines de telle ou telle confession. Tant pis pour les minorités si cette éducation religieuse ne répondait pas à leurs besoins ; la leçon de religion se donnait quand même à tous les enfants ; les élèves auxquels on exposait d'autres doctrines que celles de leur Eglise avaient en général le droit de ne pas écouter et de n'être pas interrogés, et encore ce droit fut-il lui-même la conquête du temps. Quand donc, à cet enseignement strictement confessionnel, dans lequel l'instituteur était l'auxi-liaire dévoué et obligé du curé ou du pasteur, nous voyons succéder un enseignement sans couleur dogmatique, s'adressant indirectement à tous les enfants, une leçon de religion où n'apparaît aucun *credo* particulier à aucune Eglise, un important progrès a été réalisé au point de vue de la liberté de conscience.

Nous ne croyons pas pourtant que cette solution de la question délicate de l'enseignement religieux dans les établissements de l'Etat soit de nature à satisfaire entièrement. Elle n'est, à nos yeux, qu'une étape, fort importante, il est vrai, dans la voie de la sécularisation de l'instruction publique, mais il faudra, bon gré, mal gré, aller plus loin et prendre une position plus nette. L'école non confessionnelle n'est pas encore au sens vrai du terme l'école laïque, et elle peut être attaquée par les mêmes arguments qui ont fait succomber l'école confessionnelle elle-même.

Que faudrait-il, en effet, pour que ce système se justifiât devant la réflexion et tînt devant l'expérience? Tout d'abord que les parents y trouvassent leur compte, que la liberté de conscience de chaque enfant y fût pleinement respectée. Or, est-ce le cas?

Comment les choses vont-elles se passer ? Quelques instants seront mis à part dans la distribution des heures de leçons obligatoires, en vue de l'enseignement religieux. Le maître prononcera ou fera réciter par un élève une prière d'un caractère général, telle que le *Pater ;* ensuite viendra la lecture d'un fragment de la Bible ou du catéchisme que l'instituteur accompagnera le plus souvent de quelques mots d'explication ou d'exhortation. A ces deux éléments d'instruction et d'édification pourra s'ajouter encore, comme aux Etats-Unis, le chant d'un cantique.

Voilà, dira-t-on, un enseignement qui n'est nullement confessionnel et qui sera de nature à produire
une impression heureuse sur le développement des
élèves.

Non confessionnel, peut-être ; en tous cas il
semble que c'est un enseignement chrétien et que
s'il se trouve sur les bancs de l'école un enfant juif,
par exemple, il sera exposé à entendre des paroles
passablement nouvelles pour lui. Que penseraient
des parents protestants ou catholiques d'une leçon
de religion ou d'un culte — car l'enseignement
religieux donné à l'école participe de l'un et de
l'autre — confié à un instituteur israélite, et que
l'Etat rendrait obligatoire pour les élèves? Il est
peu probable qu'ils trouvassent une telle combinaison entièrement de leur goût. Que les élèves de
la synagogue soient partout une faible minorité,
cette circonstance ne change rien au fait lui-même ;
la liberté de conscience de l'enfant n'est pas absolument respectée.

Nous avons parlé d'enfants juifs ; nous ne nous
arrêterons pas aux disciples de J.-J. Rousseau, s'il
en est encore, pour lesquels tout enseignement
religieux donné à l'enfant avant seize ans risquerait
de fausser son développement ; mais nous aurions
pu nommer aussi ces élèves dont les parents ont
rompu avec le christianisme et se rattachent à la
libre pensée. Il pourra arriver et il arrivera souvent
que ces derniers, jugeant les choses en bloc, n'é-

prouveront aucune répugnance à voir leurs fils et
leurs filles entendre parler de Dieu, du Christ, de
l'immortalité de l'âme, du jugement à venir. Toute
religion proclame aussi certains principes moraux
généralement admis, qui feront passer sur les inconvénients que l'on verrait peut-être à un enseignement
purement religieux. Ou bien, ils appartiendront
à cette classe assez nombreuse d'hommes qui, per-
sonnellement, se passent de religion, mais qui tiennent encore à ce que leurs enfants suivent les pratiques de l'Eglise dans laquelle ils sont nés. Cependant il y a des libres penseurs conséquents et convaincus, qui voient dans la religion — nous n'avons
pas à les juger, car ils sont maîtres d'y voir ce qu'ils
veulent — un amas de superstitions, une erreur à
déraciner des esprits, un mal à combattre. Les
parents qui sont dans ces dispositions estimeront-
ils que l'enseignement religieux imposé à leurs
enfants s'adapte à tous les élèves de l'école, et ne
seront-ils pas en droit au contraire de reprocher à
l'Etat de s'immiscer dans les affaires de la conscience ? Que si l'on était tenté, à leur propos, de
rappeler que partout, sauf en Amérique, l'Etat, en
dépit des réclamations des libres penseurs, soutient
des Eglises nationales, nous ferions ici deux observations. La première, que les libres penseurs convaincus ne regardent pas l'union de l'Eglise et de
l'Etat comme une institution nécessaire et ne s'en
font pas les apôtres, tout au contraire ; la seconde,

qu'il n'y a aucune assimilation à établir entre l'Etat subventionnant dés Eglises comme il subventionne des théâtres, pour des raisons d'intérêt général, mais sans forcer personne à y adorer Dieu, et le même Etat obligeant des parents à faire donner à leurs enfants un enseignement qui risque d'aller contre leurs intentions.

Mais supposons pour un moment que tous les élèves de l'école appartiennent à des familles chrétiennes. Est-il bien sûr que l'enseignement religieux donné par l'instituteur à leurs fils et à leurs filles leur agréera ? Si l'instituteur est très décidé dans ses opinions religieuses, comment l'empêcher de les laisser percer dans les prières qu'il prononce, dans les explications ou exhortations dont il fait suivre la lecture d'un fragment des saintes Ecritures ou du catéchisme, et jusque dans le choix de ce fragment lui-même ? S'il adhère aux doctrines de l'orthodoxie, les parents qui pencheraient du côté du rationalisme ne le trouveront-ils pas bien foncé dans son enseignement? — et si, au contraire, il incline lui-même au rationalisme, les parents orthodoxes ne seront-ils pas tentés de lui faire le reproche d'exercer sur le développement religieux de leurs enfants une influence funeste? N'avons-nous pas entendu dans le cours de ces dernières années exprimer souvent cette opinion qu'en Allemagne l'invasion du rationalisme était due en grande partie au caractère latitudinaire de l'enseignement religieux donné dans les écoles de l'Etat ?

Mais nous ne sommes pas encore au bout de nos difficultés. L'enseignement religieux aura beau être, en principe, sans tendance confessionnelle ; que l'on s'y prenne comme on voudra, si les élèves — ce qui sera presque toujours le cas — au lieu d'être tous ou protestants ou catholiques, comprennent des adhérents des deux cultes, il sera impossible à l'instituteur, quels que soient son tact et sa modération, de ne blesser aucune susceptibilité. L'exemple de ce qui s'est passé à cet égard aux Etats-Unis est assez instructif pour devoir être rappelé.

Les catholiques américains se sont plaints que leurs enfants fussent soumis de force à un enseignement contraire aux traditions de leur Eglise. Lire la Bible en langue vulgaire, ont-ils dit, et dans des versions protestantes, prier Dieu à la manière des protestants, chanter des hymnes que l'on entend dans les temples protestants, tout cela c'est fort bien pour des protestants. Mais ce qui fait l'affaire des protestants ne convient pas nécessairement aux catholiques. L'Eglise romaine a sa manière à elle d'enseigner la religion et, pour commencer, elle n'admet pas que cette tâche soit dévolue à un instituteur, fût-il même catholique. Tout au plus se reposerait-elle sur lui du soin de faire réciter le catéchisme à ses élèves. L'éducation religieuse est chez elle l'affaire du prêtre.

Les catholiques des Etats-Unis sont partis de là pour demander à l'Etat de leur laisser organiser partout des écoles de leur confession, qui se soumettraient à son inspection et dont il prendrait l'entretien à sa charge. Presque partout ils sont venus se heurter à l'opposition décidée des législatures et des municipalités ; le président Grant crut même devoir se prononcer contre eux. Mais s'il est très probable, pour ne pas dire certain, qu'ils échoueront dans leur tentative d'obtenir des écoles officielles affectées exclusivement à leur usage, on ne saurait douter que, lorsqu'ils auront tourné leurs efforts contre l'enseignement religieux tel qu'il se donne actuellement dans les écoles publiques, ils ne finissent par l'emporter, car le droit est de leur côté.

Jusqu'à quel point cet enseignement est-il contraire aux traditions de leur Eglise, ce n'est pas à nous de le rechercher. Peut-être les catholiques américains en exagèrent-ils les dangers ; mais du moment qu'ils le déclarent incompatible avec leurs opinions religieuses et ecclésiastiques, nous n'avons pas à prononcer à leur place ; ils s'en plaignent, c'est assez : la liberté de conscience exige que leurs réclamations soient entendues.

Hors de l'Amérique, dans les différents pays où se donne un enseignement religieux interconfessionnel, nous ne voyons pas que les résultats obtenus aient rencontré davantage l'approbation générale. Ainsi, en Angleterre, le parti qui a opéré les réformes scolaires de 1870 travaille activement à séculariser l'école. En Allemagne, la question d'un enseignement strictement laïque a été souvent agitée, mais le gouvernement a toujours tenu bon pour le *statu quo*. Il semblerait que la grande ombre de Luther, fondant l'instruction primaire afin d'y « enseigner surtout les saintes Ecritures, » doive conserver encore pendant un certain temps à l'école primaire son caractère de fille de l'Eglise. Dans la calviniste Hollande, l'enseignement religieux à l'école est défendu pied à pied, par les théologiens de la droite surtout, contre les avocats de la laïcisation. Cependant, même dans les pays les plus conservateurs, un vent de réforme souffle, et parmi les voix qui s'élèvent se rencontrent en grand nombre celles des instituteurs eux-mêmes. En cela il n'y a rien qui doive surprendre.

Il y a, en effet, deux classes de personnes particulièrement intéressées à ce qu'il se donne dans l'école de l'Etat un enseignement neutre en matière religieuse. Nous nous sommes placé exclusivement jusqu'ici au point de vue de la première de ces deux classes ; nous n'avons pensé qu'aux parents des élèves, qui doivent pouvoir profiter des ressources éducationnelles mises à leur disposition par l'autorité publique, sans avoir à craindre que l'on se livre sur leurs enfants à une œuvre de propagande qui serait entièrement déplacée dans les écoles officielles et constituerait une usurpation manifeste sur les droits de la famille. La seconde classe d'intéressés, ce sont les instituteurs eux-mêmes.

Admettons que le maître soit tenu d'enseigner une doctrine religieuse quelconque, si générale que l'on voudra, quand ce ne serait que la foi au Dieu vivant et personnel. Le pourra-t-il toujours? Voici, par exemple, un instituteur qu'a gagné l'esprit de doute et de scepticisme. On peut le plaindre, mais on ne le blâmera pas et on le condamnera moins encore, car, au témoignage de tous ceux qui le connaissent, c'est une conscience droite, une âme altérée de vérité; plein de respect pour toutes les convictions sincères, ce n'est pas à lui qu'il arrivera de railler les hommes animés d'une foi qu'il ne possède pas, qu'il se prend même souvent à leur envier; il sait rendre hommage à toutes les vertus que la religion inspire, à tous les dévouements qu'elle enfante. Mais quant à lui, il cherche encore la vérité. Que fera cet homme, en présence de l'obligation qui lui est imposée de se faire maître de religion?

Ou bien il continuera à enseigner des vérités aux-quelles il a cessé de croire; il se rendra coupable d'un acte d'hypocrisie répété tous les jours de sa vie, et il perdra, dans cette contrainte subie d'abord en gémissant, la franchise, la sincérité qui

étaient la marque de son caractère. Il donnera à
ses élèves un enseignement sans force et sans vie,
heureux encore si sa duplicité, transparente pour
eux, ne vient pas de bonne heure leur apprendre
que « la parole a été donnée à l'homme pour dé-
« guiser sa pensée. »

Ou bien ce même homme refusera de donner un
enseignement qui jure avec ses propres convictions. Et quel ne sera pas alors l'embarras de la
Direction de l'Instruction publique? Osera-t-elle
destituer un fonctionnaire qui était parmi les plus
dignes, les plus considérés, les plus utiles, parce
qu'il est venu déclarer, avec une loyauté qui l'ho-
nore, qu'en restant le maître de religion qu'on lui
demande d'être, il mentirait à ses convictions et
agirait comme un misérable? La Direction de
l'Instruction publique devrait le décharger d'une
contrainte qui lui pèse. Si elle le fait, c'est bien ;
mais alors que devient la loi, lorsque l'autorité
chargée d'en surveiller l'application la laisse impu-
nément violer ?

Que l'on veuille bien aussi noter ce point. C'est
que plus un instituteur sera coulant en matière
de principes et relâché dans sa conduite, moins il lui
en coûtera de faire des réserves mentales, de jouer
un rôle qui pèserait à un autre. Il n'y aura pas à
craindre qu'il risque sa position pour sauver l'inté-
grité de son caractère. Il se chargera d'enseigner
tout ce qu'on voudra. L'obligation pour l'institu-

teur de distribuer à ses élèves un enseignement religieux pourra donc avoir des conséquences dont les caractères d'élite seront seuls à souffrir, en sorte qu'il est permis de dire, sans trop d'exagération, qu'elle constitue une prime d'encouragement en faveur des consciences larges, des âmes serviles et sans dignité.

Nous demandons en conséquence, autant dans l'intérêt de l'instituteur que dans celui des parents et par respect pour la liberté de conscience de tous, que l'enseignement donné dans l'école primaire soit restreint aux matières d'un caractère purement scientifique.

Dans plusieurs des pays où l'instituteur est appelé à donner l'enseignement religieux non confessionnel dont nous venons de montrer les inconvénients, il lui est demandé davantage encore. Il est chargé, en dehors des heures de classe, d'une leçon de religion strictement confessionnelle, mais alors facultative, et qui s'adresse seulement aux élèves se rattachant au culte auquel il appartient lui-même. L'instituteur est alors, dans toute l'étendue du terme, un maître de religion. Les examens qui lui sont imposés à son entrée dans le corps enseignant comportent la connaissance de l'Ecriture sainte, ainsi que celle du catéchisme. Dans les contrées protestantes de l'Allemagne, le catéchisme imposé est celui de Luther; dans les contrées catholiques, c'est un manuel approuvé par l'autorité ecclésiastique. Un double régime d'écoles est établi partout où la chose est possible : écoles protestantes au milieu des populations protestantes, écoles catholiques dans les milieux catholiques.

Si les objections que l'on élève contre l'enseignement religieux donné par l'instituteur ne manquent déjà pas d'une certaine force quand elles s'adressent à un enseignement d'un caractère très général, elles ont bien plus de poids encore lorsque cet enseignement embrasse, en outre, une partie dogmatique et confessionnelle. Sans doute les parents n'ont plus lieu de se plaindre, puisque rien ne les oblige à faire suivre à leurs enfants des leçons déclarées facultatives, mais quelle position fait-on à l'instituteur, quelle indépendance lui laisse-t-on ? D'autant plus que, dans cette combinaison, il est non seulement obligé d'enseigner un ensemble de croyances qu'il peut ne pas partager dans toute leur étendue, mais encore placé sous la surveillance du pasteur ou du curé. M. Ch. Hippeau, dans son livre sur l'*Instruction publique en Allemagne*, donne à ce sujet des renseignements d'un vif intérêt. Même « dans le duché de Saxe-Weimar,
« dit-il, où l'influence rationaliste exercée par Gœthe,
« Schiller, Herder, Fichte, Hegel, Schelling, a for-
« tement amoindri la puissance du clergé, elle ne
« ne l'a pas néanmoins détruite. C'est toujours lui
« qui est chargé de l'inspection des écoles et c'est

« toujours sous sa surveillance que s'y donne l'ins-
« truction religieuse (¹) »

Dans cette combinaison, du reste, l'instituteur n'est pas appelé seulement à remplir les fonctions de catéchiste à l'école. Il devient lui-même une sorte d'ecclésiastique d'un ordre inférieur ; il remplit à l'église les fonctions de chantre ou de lecteur (²). Faut-il s'étonner s'il se fait de l'autre côté du Rhin un grand mouvement, surtout parmi les membres du corps enseignant, pour demander que l'école primaire soit affranchie de la tutelle de l'Eglise ? Cette agitation a abouti, déjà à l'heure qu'il est, à un résultat important : sous le ministère Falk, en Prusse spécialement, il a été fondé dans certains milieux rationalistes ou très mélangés au point de vue religieux, des écoles (*Simultan-Schulen*) où tout enseignement strictement confessionnel a été proscrit. La liberté de conscience de l'instituteur est pourtant quelque chose, et si l'on veut qu'il inspire le respect à tous, il faut le sortir d'une position

---

(¹) *De l'Instruction publique en Allemagne.* — Paris, 1873, page 8.

(²) La conséquence de cette obligation imposée à l'instituteur, c'est qu'il doit faire partie de l'une des Eglises nationales, et qu'il lui est interdit de se rattacher à une congrégation dissidente. Mais cette position est difficile à tenir, et dans le canton de Vaud nous avons assisté dernièrement à un conflit résultant de ce qu'un instituteur faisait partie d'une Eglise indépendante.

équivoque qui le force à aliéner une partie de son indépendance.

Nous devons toutefois faire ici une réserve. Nous n'avons cessé d'avoir en vue, dans notre exposé, l'école officielle fondée et dirigée par l'Etat. Mais tous les établissements primaires ne se trouvent pas dans ce cas. On se souvient qu'en Angleterre la plupart des écoles élémentaires publiques sont des institutions que l'Etat a trouvées existantes et qu'il s'est contenté de subventionner, sous certaines conditions générales, en les laissant aux mains des différentes Eglises dont elles dépendaient. L'Etat leur accorde son appui matériel, mais il ne pourvoit pas entièrement à leur entretien, auquel subviennent subsidiairement des contributions volontaires (d'où le nom de *Voluntary Schools*, écoles par souscription, donné à ces établissements). Les écoles fondées et entièrement soutenues par le gouvernement, les écoles franchement officielles par conséquent, sont les *Board Schools* (écoles relevant des comités scolaires locaux — *Boards*, — et non plus des Eglises).

On ne saurait, au point de vue de l'enseignement religieux, traiter de la même manière ces deux sortes d'écoles. Chaque fois que l'Etat se borne à reconnaître et à subventionner des établissements organisés par l'initiative privée, il est naturel qu'il leur laisse une latitude aussi grande que possible dans la fixation des programmes. Il se contente alors en général de rendre ces institutions accessibles à tous, sans acception d'opinion, en enlevant des matières obligatoires de l'enseignement ce qui pourrait porter atteinte à la liberté de conscience. Il laïcise donc le progamme de manière à en faire disparaître tout caractère confessionnel, et son œuvre s'arrête là. Que ferait-il de plus ? Il n'a pas à s'inquiéter du genre d'instruction religieuse donné aux enfants en dehors des heures officielles, ni de ce qui est réclamé à cet égard de l'instituteur. Ce sont là, en fait, des établissements privés qu'il a réussi à faire ouvrir pendant un certain nombre d'heures, moyennant un sacrifice de sa part, à toute la jeunesse du pays ; le reste ne le concerne pas. La situation des écoles du type des *Voluntary Schools* en Angleterre n'est donc pas identique à celle des *Board Schools*. (¹)

(¹) La loi française du 28 mars 1882 porte que « l'enseignement religieux est facultatif dans les écoles privées. » On a voulu par là rassurer les personnes qui s'étaient émues de la suppression de l'enseignement religieux dans les écoles officielles. « Cet enseignement, leur disait-on, n'aura plus lieu, il est vrai, dans les établissements de l'Etat, mais vous pouvez fonder des écoles où il continuera à garder sa place. »

Il est permis pourtant de regretter l'introduction dans la loi d'une semblable disposition, qui paraît faire dépendre du bon vouloir de l'État la jouissance d'un droit qu'il ne lui appartient ni de donner ni d'ôter. Un père de famille ne demande pas au gouvernement la permission d'enseigner le catéchisme à son enfant chez lui, et il peut de même le lui faire enseigner à l'école, si cette école est un établissement particulier. Dans tout cela l'autorité n'a rien à voir.

Pour assurer plus complètement encore à l'école publique son caractère séculier, un certain nombre de gouvernements ont estimé qu'il convenait de rendre l'école officielle laïque non seulement dans son programme, mais encore dans son personnel. Ils ont en conséquence fermé la carrière d'instituteur dans les établissements de l'Etat aux ministres des différents cultes, ainsi qu'aux membres des divers ordres religieux, et nous croyons qu'ils ont eu raison. Aux Etats-Unis on a même poussé le scrupule plus loin encore : il y est interdit aux ecclésiastiques de faire partie des comités scolaires locaux. On craindrait que la présence, au sein de ces corps, d'un pasteur ou d'un curé, n'eût pour effet d'imprimer à l'école une certaine tendance confessionnelle dont on veut à tout prix la préserver.

Nous reconnaissons volontiers que cette exclusion, du personnel enseignant, de toute une classe d'hommes qui possèdent en général de la culture et dont beaucoup unissent au zèle d'une véritable charité des aptitudes pédagogiques réelles, n'est pas sans offrir certains inconvénients ; on prive ainsi l'établissement officiel d'utiles auxiliaires. Nous croyons aussi que, dans nombre de localités où la population appartient dans sa très grande généralité à un même culte, on serait parfois heureux de posséder comme instituteur officiel, au lieu d'un fonctionnaire laïque peut‑être fort médiocre à tous égards, un homme avantageusement connu, instruit, d'un noble caractère, et auquel on ne saurait reprocher que sa qualité d'ecclésiastique. Mais est-on sûr que, même dans ces localités, la nomination d'un homme d'Eglise à la position d'instituteur de l'Etat ne froisserait pas dans leurs sentiments un certain nombre de pères de famille ? Peut-être n'élèveraient-ils aucune réclamation, car il faut un certain courage pour faire entendre une note discordante au milieu des vœux clairement exprimés d'une population, et pour remonter un courant que tout le monde descend. Peut-être consentiraient-ils à laisser leurs enfants dans l'école de l'Etat, mais ils souffriraient dans leur conscience. Nous le demandons aux catholiques sincères : verraient-ils de bon œil un pasteur chargé d'instruire leurs enfants ? Des protestants seraient-ils plus satisfaits en voyant l'instruction des leurs confiée à un prêtre catholique ou à un religieux ? C'est en vain que l'on rappellerait aux minorités mécontentes que le programme des études est laïque ; l'instituteur étant lui-même le ministre d'une Eglise, on ne saurait admettre qu'il reste toujours dans une stricte neutralité religieuse ; sa personne elle-même, son titre, son vêtement, qui dans plusieurs contrées se distingue par quelques particularités, ne sont-ils pas à leur manière un enseignement, ne sont-ils pas une influence s'exerçant autour de lui et que l'on subit sans bien s'en rendre compte ?

L'instruction laïque entraîne donc la laïcité du

personnel enseignant. Que si des ecclésiastiques se sentent une vocation pédagogique prononcée et désirent entrer dans l'enseignement primaire officiel, qu'ils renoncent à leur titre, qu'ils s'arrangent avec leurs Eglises respectives de façon à pouvoir être réintégrés dans les rangs des laïques, et la porte de l'école officielle leur sera ouverte. Quant à savoir si la sécularisation des ministres du culte est possible, c'est un point qui concerne les Eglises et dont nous n'avons pas à nous mêler : qu'elles fassent le nécessaire, si elles le jugent expédient, pour que ceux qui s'engagent à son service puissent, au besoin, se dépouiller de leur caractère ecclésiastique. (¹)

La laïcité du corps enseignant s'impose autant et plus peut-être que celle des programmes. Dans certains pays elle l'a, en effet, précédée : tels sont l'Angleterre, l'Allemagne et les Etats-Unis. Dans d'autres, les programmes ont été plus ou moins complétement laïcisés sans que la laïcité ait été étendue à la personne même de l'instituteur. Tels sont la France et quelques cantons suisses. Mais, en France, le projet Paul Bert excluait, et, après lui,

____

(¹) Dans l'Eglise nationale protestante de Genève, tout ecclésiastique peut, du jour au lendemain, obtenir sa radiation du rôle des pasteurs et recouvrer *ipso facto* ses droits de laïque.

la loi actuellement en cours de discussion (¹) relative
aux qualifications exigées de l'instituteur, exclut aussi
les ecclésiastiques des écoles de l'Etat ; en Suisse, un
parti nombreux travaille en ce moment même à faire
enlever par l'autorité fédérale à quelques sœurs qui
ont continué d'être employées par des gouvernements catholiques, le droit d'enseigner dans les
établissements officiels. On peut ainsi prévoir le
moment où l'instituteur laïque aura partout rem-
placé l'instituteur ecclésiastique. Quand on en sera
là, la cause de la neutralité de l'école de l'Etat
aura remporté une nouvelle et importante victoire.

Cette victoire toutefois lui est disputée avec achar-
nement. Comme il fallait s'y attendre, c'est surtout
dans les pays catholiques que la laïcité rencontre
de la résistance. Vous chassez Dieu de l'école, s'é-
crient ses adversaires, vous proclamez l'athéisme !

Nous pourrions, avant d'examiner ces reproches
bien sévères, nous demander s'il n'y aurait pas, au
fond de ces récriminations, autre chose que le
souci du développement religieux de l'enfant, et si
le désir de conserver à l'Eglise la haute main qu'elle

____

(¹) La Chambre a adopté, le 18 mars 1884, une loi
qui attend encore le vote du Sénat et où nous lisons,
à l'article 16, que « dans les écoles publiques de tout
ordre l'enseignement est exclusivement confié à un personnel laïque. » Dans le laps de cinq ans après l'adoption de cette loi, le personnel congréganiste devrait
disparaître de toutes les écoles de l'Etat.

a eue jadis sur l'école n'en expliquerait pas au moins la violence et l'exagération. Nous ne pouvons non plus nous empêcher de rappeler à notre esprit combien de dispositions légales, aujourd'hui entrées dans nos mœurs, ont commencé par être combattues au nom des intérêts les plus sacrés de la foi, que l'on nous représentait comme étant sérieusement menacés. Que n'a-t-on pas dit, par exemple, lorsque le mariage civil a été introduit ? N'aurait-on pas cru que le glas de la religion allait sonner ? Et pourtant la religion est restée debout, alors même que l'on ne se marie plus devant le curé ou le pasteur. Mais en quoi ce reproche de faire la guerre à Dieu se justifie-t-il ? Où est l'oppression ? Où est la persécution ? Quoi ! parce que l'instituteur ne serait plus maître de religion, ou parce qu'il n'appartiendrait à aucun clergé, la foi serait ébranlée dans les âmes, les enfants seraient détournés de la piété !

Quand on force les adversaires de la laïcité à s'expliquer, ils formulent deux griefs qu'il convient d'examiner. Ils disent d'abord que l'éducation de l'enfant n'est pas complète si elle ne repose pas sur un fonds de convictions religieuses, que l'instruction n'est rien si le cœur et la conscience ne sont pas dirigés, élevés, rattachés à un idéal supérieur de vie.

Nous ne contesterons pas les bienfaits d'une bonne et saine éducation religieuse. Assez d'hommes ont trouvé dans leurs convictions personnelles une force pour le bien et un secours dans la lutte contre le mal, pour que cette utilité n'ait plus à être démontrée. Nous l'acceptons comme un fait attesté par l'expérience d'un grand nombre de personnes dont le témoignage est digne de toute confiance. Des parents croyants ne manqueront donc pas de faire à l'enseignement religieux la place à laquelle il a droit dans l'éducation de leurs enfants; ils voudront que la pensée de Dieu s'allie à leurs préoccupations, les accompagne dans leur activité, et une école où l'instituteur ne sera pas même libre de leur enseigner cette crainte de l'Eternel qu'ils regardent, avec l'écrivain sacré, comme le commencement de la sagesse, leur semblera offrir une grave lacune.

Mais on ne saurait demander aux écoles de l'Etat plus qu'elles ne peuvent offrir; le respect des convictions d'autrui exige leur neutralité au point de vue religieux; il faut donc se résigner à ce mal — si l'on admet que c'en soit un, — puisque l'instituteur ne peut se transformer en catéchiste sans porter atteinte à cette liberté de conscience qu'un croyant doit être le dernier à méconnaître.

L'école publique n'enseignera pas Dieu aux enfants, mais empêchera-t-elle les parents de le leur faire connaître? On oublie beaucoup trop, il nous semble, que, si l'instruction est essentiellement l'affaire de l'Etat, l'éducation est surtout celle des parents, et que ces derniers doivent beaucoup moins compter sur l'instituteur que sur eux-mêmes, sur leur propre influence, pour inspirer à leurs fils et à leurs filles des sentiments de piété.

Avant donc de crier à la ruine de la religion, les parents devraient se demander ce qu'ils peuvent faire pour suppléer à l'absence d'une influence religieuse s'exerçant à l'école. L'instituteur aurait été peut-être un maître de religion écouté, laissant une impression heureuse et durable sur l'esprit de ses élèves. Mais si les parents veulent eux-mêmes le remplacer en cette qualité, si, sentant le prix des vérités de la foi et s'y montrant fidèles, ils tiennent à les faire pénétrer dans l'âme de leurs enfants, qui les en empêche ? Outre qu'ils peuvent agir par eux-mêmes directement, ils se rattachent à une Eglise ; qu'ils profitent des ressources qu'elle leur offre; qu'ils demandent à leur conducteur spirituel de remplacer l'instituteur dans son rôle d'éducateur religieux.

C'est ici le lieu de nous demander ce qu'il faut penser de l'usage qui s'est introduit presque partout d'ouvrir l'école officielle, en dehors des heures de classe, aux différents ministres du culte, qui peuvent ainsi distribuer l'aliment spirituel aux enfants qu'on leur confie. Les Etats-Unis sont restés, jusqu'à ces dernières années, le seul pays, à notre connaissance, où, d'une manière générale, l'usage des locaux scolaires n'ait pas été accordé aux ministres de la religion.

En théorie, nous n'avons rien à objecter à un arrangement de ce genre. Seulement, nous ne saurions admettre que l'Etat s'en tienne, comme il l'a fait en général, à concéder l'usage de l'école aux ministres des cultes officiels. Il ne doit pas y avoir deux poids et deux mesures. Or, pourquoi un ministre dissident n'aurait-il pas les mêmes droits qu'un pasteur officiel? Dans nos idées modernes, il n'y a plus de religion d'Etat, et lorsque le pouvoir civil autorise un membre du clergé à réunir dans ses locaux des enfants, avant ou après les heures de classe, ce n'est pas une faveur qu'il accorde aux Eglises reconnues. Il désire seulement être agréable à certains parents, qui tiennent à ce que leurs enfants reçoivent un enseignement religieux. Mais ce n'est pas au gouvernement à décider entre les mains de quel curé ou pasteur un père remettra son fils.

Il faudrait donc, pour être juste et conséquent, octroyer l'usage des locaux scolaires, non seulement aux membres du clergé officiel, mais aussi aux ministres des cultes dissidents. Il faudrait plus encore. Pourquoi limiter ce privilège aux ecclésiastiques seuls? Pourquoi ne pas l'étendre à toute personne désignée par un groupe de parents comme devant les représenter, et qu'ils auraient chargée d'inculquer à leurs enfants les principes de la morale et de la religion? Pourquoi les laïques n'auraient-ils pas les mêmes droits que des ecclésiastiques, puisqu'enfin il n'est pas défendu à une famille d'échanger les services d'un représentant du clergé contre ceux d'un laïque, fût-il simple moraliste et maître de philosophie ? Pourquoi, par exemple, s'il devait se fonder dans nos pays des associations analogues à celle de la Société de perfectionnement moral (*Society of Ethical Culture*) qui existe à New-York, et dont les membres ont spécialement en vue, en dehors de toute affirmation religieuse, de travailler à leur propre perfectionnement, pourquoi, disons-nous, de telles associations ne seraient-elles pas admises à envoyer l'un de leurs prédicateurs laïques dans les locaux de l'école, pour y instruire les enfants qui lui seraient remis ?

Mais, il faut en convenir, cette façon de comprendre l'éducation religieuse et morale de la jeunesse des écoles pourrait amener de sérieuses complications. Tout irait bien aussi longtemps que les personnes désignées par les chefs de famille seraient des amis de l'ordre. Elles choisiraient, pour leurs leçons, entre les heures libres de la journée, celles qui leur conviendraient le mieux ; les sections les plus nombreuses auraient le pas sur les autres dans la fixation de l'horaire. Il ne se formerait jamais, même dans les pays les plus divisés au point de vue confessionnel, qu'un petit nombre de ces classes de religion, car, dès que les enfants se rattachant à un culte donné seraient trop peu nombreux, il n'y aurait plus que des avantages insigniflants pour eux à profiter des locaux scolaires, et leurs familles pourvoiraient autrement à leurs besoins spirituels. Mais voici où est le danger. Que ferait l'Etat si quelques pères de famille lui demandaient de recevoir dans l'école, pour donner un enseignement moral à leurs enfants, un apôtre de la révolution, professant les doctrines les plus subversives? Ou encore si des maîtres de morale comme ceux que Pascal a pris si vivement à partie dans sa *Quatorzième Provinciale*, et au sujet desquels il s'écrie : « Sont-ce des chrétiens? Sont-ce des Turcs? Sont-ce des hommes? Sont-ce des démons? » mettaient à profit l'hospitalité si généreusement offerte à tous pour légitimer aux yeux des jeunes élèves les plus grandes énormités? Pour être en droit d'écarter leur requête, l'Etat devrait fermer l'entrée de l'école à tous les professeurs de morale ou de religion sans distinction. Car enfin ces doctrines qu'il serait disposé à regarder comme fort dangereuses, elles sont tenues pour excellentes par ceux qui les professent, et, encore une fois, ce n'est pas au gouvernement à décider quel genre d'éducation doit être donnée aux enfants; du moment que les parents n'enfreindraient pas les lois du pays, ils resteraient dans le droit commun.

Dans cette pressante alternative, nous n'hésiterions pas à imiter l'exemple des Etats-Unis, et à rendre l'école tout entière à l'instituteur officiel, et à lui tout seul. Mais comme le cas que nous avons supposé sera très rare, si même il se produit, nous ne voyons aucune raison pour ne pas accorder, aussi longtemps qu'il ne résultera de cette concession aucun désordre, l'usage des locaux scolaires aux personnes désignées par les divers groupes de parents comme ayant charge de donner à leurs enfants l'enseignement de la religion ou de la morale.

C'est aux différents intéressés de voir jusqu'à quel point cet enseignement placé en général, et par la force des choses, après d'autres leçons, alors que l'élève est déjà fatigué et impatient de regagner sa liberté, un enseignement qui ressemblera toujours à une leçon plutôt qu'à un culte ou à un entretien où la conscience est en éveil, et donné en outre sans que le maître dispose de moyens disciplinaires suffisants pour y assurer un ordre absolu, atteint réellement le but qu'on se propose. Nous avons entendu plus d'une personne, se rappelant ses souvenirs d'élève ou son expérience d'aumônier, émettre à cet égard des doutes fort sérieux.

Quoi qu'il en soit, au point de vue qui nous occupe, la décentralisation de l'instruction publique offre de grands avantages, car elle permet de faire, dans un très grand nombre de communes, ce que l'on n'oserait peut-être, par une mesure générale, autoriser dans toutes les localités. C'est ainsi qu'en Angleterre l'instruction religieuse est donnée presque partout dans les écoles publiques, bien qu'en quelques endroits, à Birmingham, par exemple, on ait cru devoir en décider autrement.

Dans le cas où l'Etat, comme en Amérique ou en France (depuis la loi du 28 mars 1882), limiterait exclusivement l'usage des locaux scolaires aux leçons officielles, les parents seraient-ils par là privés des moyens de faire donner à leurs enfants un enseignement religieux? Nous ne le croyons pas. Si la localité est grande, il s'y trouvera une église ; si elle est petite, ou s'il ne s'agit que de faibles minorités religieuses, il sera facile à l'autorité ecclésiastique de s'assurer des locaux suffisants pour y recevoir les enfants une ou deux heures par semaine. On emploiera à cet effet, soit les heures qui restent disponibles pendant les jours de classe, soit la journée ou demi-journée de la semaine où les élèves ont congé (¹). La religion ne court donc aucun risque de ce côté. Mais il n'en irait plus de même si la seconde objection qu'élèvent les adversaires de la laïcité était fondée. — Examinons-la à son tour.

L'Etat, disent-ils, ne retranche l'enseignement religieux des parties obligatoires du programme, il

---

(¹) Les nouvelles lois françaises portent que « les écoles primaires publiques vaqueront un jour par semaine, en outre du dimanche, afin de permettre aux parents de faire donner, s'ils le désirent, à leurs enfants l'instruction religieuse en dehors des édifices scolaires. »

ne laïcise le personnel enseignant que, dans l'intention arrêtée, quoique non avouée, de détruire la foi dans l'âme des enfants. Or, comment nous défendrons-nous contre les entreprises d'un gouvernement incrédule ? Les manuels mis entre les mains des élèves pourraient, à eux seuls, être un moyen de propagande funeste. La religion pourrait y être attaquée. Si l'instituteur lui-même est un matérialiste ou un athée, et qu'il se sente, à cet égard, en harmonie de sentiments avec des supérieurs hiérarchiques, il ne se fera pas faute de cribler de ses sarcasmes quiconque croit à quelque chose. N'y eût-il même que son silence sur les choses religieuses, que c'en serait assez pour ébranler la foi dans les jeunes âmes.

Ces craintes ne sont heureusement que des craintes, car, pour avoir proclamé la laïcité de l'école, un gouvernement n'est nullement tenu de faire la guerre à Dieu. C'est ainsi que dans le pays où la laïcité a été jusqu'ici poussée le plus loin, en Amérique, on ne saurait dire que l'Etat se soit jamais montré hostile à l'enseignement de l'Eglise, ni servi de ses écoles pour le combattre. Nous ne pensons pas non plus que la neutralité religieuse de l'école, si elle est réelle, porte l'enfant à l'incrédulité. De ce qu'il ne reçoit pas l'enseignement religieux de son maître, l'élève n'en induira pas qu'il a affaire à un mécréant. Il comprendra sans peine que l'instituteur a sa tâche spéciale, qu'il n'est pas ministre de religion, qu'il est chargé de lui apprendre à lire, à écrire, à compter, et qu'il se renferme dans ses attributions. Toutefois, il est bien évident que l'Etat pourrait facilement exercer une influence des plus directes et des plus regrettables sur le développement religieux, s'il changeait sa neutralité religieuse en hostilité contre la religion. Il pourrait même arriver, en pareil cas, que l'école officielle ne fût plus possible pour les familles pieuses. Il doit donc, à cet égard, donner des garanties positives. Quelles seront-elles ?

En premier lieu, les manuels employés dans l'école publique seront, comme l'école elle-même, neutres au point de vue religieux, c'est-à-dire qu'ils ne renfermeront rien qui puisse froisser un croyant, et rien non plus dont un libre penseur ait sujet de se plaindre. La seule difficulté réelle qui s'offre ici concerne les ouvrages d'histoire, dans lesquels l'enfant pourrait retrouver sous un jour nouveau les enseignements religieux qui lui sont donnés dans la famille ou du haut de la chaire. Si, par exemple, on lui faisait étudier l'histoire du peuple juif ou celle de l'Eglise dans un manuel rationaliste, où le surnaturel serait pris à partie, les parents qui se rattachent à l'orthodoxie auraient lieu de s'émouvoir. Mais rien n'oblige à introduire ces matières dans un programme d'instruction primaire, ou, si elles y figurent, elles doivent y être traitées d'une manière si sommaire que les questions qui prêtent à la controverse n'y soient pas même soulevées incidemment.

Dans le choix des manuels autres que les livres d'histoire, il importe aussi de procéder dans le même esprit de véritable libéralisme. Nous ne demandons pas qu'ils soient conçus à un point de vue religieux, puisque nous avons reconnu la nécessité d'exclure des programmes tout ce qui empiéterait sur le terrain de la conscience. Mais pour les mêmes motifs nous demandons qu'ils ne propagent pas l'irréligion, quand ce ne serait que par leur tendance systématique à ignorer tout ce qui fait l'objet de la foi : Dieu, le ciel, l'âme. Une littérature matérialiste ne rentre pas dans cette neutralité religieuse où l'école est tenue de se maintenir. Nous avons entendu parler, par exemple, d'un recueil de morceaux choisis adopté dans certaines écoles publiques et où l'on s'était appliqué à faire disparaître toute expression appartenant, nous ne disons pas au langage des chrétiens, mais à celui du simple spiritualisme. Quand pareil fait se présente, le principe de la neutralité religieuse de l'enseignement est faussé, et l'Etat fait une œuvre de propagande illicite et déloyale.

La religion ne sera pas enseignée à l'école, tel est le premier point que nous venons d'établir.

Mais si l'instituteur officiel n'enseigne ni les dogmes d'aucune église particulière, ni même les doctrines communes aux différentes religions, ne conviendrait-il pas, comme le prévoit, en France, la nouvelle législation scolaire, de l'appeler tout au moins à un bon enseignement de la morale (¹)? Voilà une idée qui ne peut manquer de venir à l'esprit, et qui est au moins fort séduisante.

Les principes généraux de la morale, dira-t-on, sont universellement acceptés ; il n'y a pas une morale pour chaque culte et, par-dessus le compte, une morale spéciale à l'usage des libres penseurs. Affirmez, par exemple, l'excellence de la probité, de la véracité, dites que la vie humaine est sacrée, que la propriété a droit au respect, que le mensonge est odieux, la calomnie plus odieuse encore, tout le monde vous comprendra et sera d'accord avec vous.

Il y a du vrai dans cette thèse. Il existe, en effet, un code de vertus et de vices admis par les honnêtes gens de tous les pays. Mais ce serait se faire d'étranges illusions que de s'imaginer qu'il n'y a qu'une morale. Si chacun reconnaît qu'il y a des

----

(¹) « L'instruction morale et civique » dit la loi, et M. J. Ferry en a donné l'interprétation suivante dans son arrêté du 27 juillet 1882. « Il y aura chaque jour, dans les deux premiers cours, au moins une leçon qui, sous forme d'entretien familier, ou au moyen d'une lecture appropriée, sera consacrée à l'instruction morale : dans le cours supérieur, cette leçon sera autant que possible le développement méthodique du programme de morale. »

choses permises et d'autres défendues, si chacun parle de ce qui est bien et de ce qui est mal, il s'en faut de beaucoup cependant, lorsque l'on descend aux fondements de la morale elle-même, que cette unanimité dont nous venons de parler se retrouve. Dès que l'on cherche à pénétrer au centre de l'idée du devoir, on se trouve en face des problèmes les plus élevés de la philosophie, et l'on ne tarde pas à reconnaître qu'il n'y a pas de morale qui ne repose sur un ensemble de postulats d'une importance considérable, mais n'offrant à aucun degré le caractère de vérités scientifiques démontrées.

Revelons ici deux points seulement, propres à éclairer la discussion.

Quiconque pense est appelé à se demander une fois ou l'autre si le vice et la vertu reçoivent ici-bas leur entière rétribution, si tous les comptes se règlent pendant cette vie, ou s'il reste par delà la tombe une sanction destinée à faire éclater une justice plus grande et plus complète. Quand nous remarquons avec l'auteur du livre de l'Ecclésiaste qu'il échoit à des bons ce qu'auraient mérité les méchants et à des méchants ce qui aurait dû être le partage des bons, devons-nous nous arrêter à cette contradiction, ou chercher plus haut le redressement de tous les désordres que nous pouvons constater dans la distribution des biens et des maux ?

D'autre part, quiconque traverse l'épreuve sous

une de ses mille formes est bien amené à se demander si, pour employer le langage de l'un de nos poètes :

« .....la création n'est qu'une grande roue
« Qui ne peut se mouvoir sans écraser quelqu'un, »

— ou si nous sommes au pouvoir d'un Dieu qui veut notre bien et qui y travaille à sa manière. Il nous faut choisir entre le pessimisme de Schopenhauer, l'optimisme de Rousseau et des chrétiens, ou le stoïcisme plus ou moins héroïque dans lequel se sont réfugiés les disciples modernes de Zénon. Que si l'on nous dit : Mais c'est là de la morale théorique, et ce dont nous aurions surtout besoin à l'école c'est d'un bon enseignement de morale pratique, — nous ferons observer qu'il règne une relation étroite, indissoluble, nécessaire entre la conduite et les idées que l'on se fait du monde et de la destination de l'homme.

Mais dût-on nous contredire, cela ne montrerait qu'une chose. C'est que nous aurions affaire alors à des partisans de la morale indépendante, c'est-à-dire à une école de penseurs qui est fort loin encore d'avoir prouvé ses thèses. Vous affirmez qu'il n'y a pas deux morales et que l'on peut croire en Dieu ou le nier, admettre une autre existence après celle-ci ou n'y pas croire, sans que la vie s'en ressente, sans que la conduite en soit affectée ; mais nous rappellerons que c'est sur ce terrain précisément que se livre une lutte acharnée entre les chrétiens et les libres penseurs, et que la question n'est pas si facile à trancher que l'on veut bien le dire.

Or que fera l'Etat ? Il s'est interdit tout enseignement religieux dans l'école ; par suite, la seule morale qu'il y puisse enseigner, c'est la morale indépendante. Mais, s'il s'en fait l'avocat, il prend parti dans une question religieuse, puisqu'il déclare, en fait, que la religion est inutile, que la morale n'a pas besoin de sanction, et il froisse chez les parents des convictions religieuses que la laïcité même de l'enseignement devait mettre à l'abri de toute atteinte.

La lutte qui s'est engagée dernièrement en France, entre le Sénat et la Chambre des députés, sur la question de l'enseignement de la morale à l'école, n'a été au fond que la manifestation de la divergence de vues qui règne sur le sujet : elle nous a montré la morale religieuse disputant la place à la morale indépendante, fût-elle même spiritualiste dans sa tendance. Si l'adjonction que la Chambre haute avait faite au texte voté par la Chambre des députés de « devoirs envers Dieu » devant aussi être enseignés à l'enfant, eût été maintenue, la cause aurait été gagnée, au moins en principe, pour la morale religieuse. Au contraire, en se contentant de mettre au programme l'instruction morale tout court, on a laissé tout en question : pour savoir quelle morale sera enseignée dans les écoles, nous devons attendre de savoir, à chaque nouveau cabinet, ce que pense le ministre de l'Instruction publique chargé d'interpréter la loi. Nous pourrons voir ainsi les enseignements les plus divers se succéder, aujourd'hui le spiritualisme, demain le positivisme, suivant le mot d'ordre donné en haut lieu. Mais les instituteurs, comment se tireront-ils d'affaire ? Changeront-ils de manteau philosophique avec chaque nouvelle tendance inaugurée ? Et s'ils restent libres de choisir eux-mêmes entre les différents systèmes de morale celui qui leur va le mieux, comment le gouvernement réussira-t-il à justifier cette disparate d'enseignements souvent diamétralement opposés, se donnant tous sous le pavillon et aux frais de l'Etat ? (¹)

Nous ne sommes plus dans le vrai : tout ce qui peut être exigé de l'instituteur c'est qu'à son école

---

(¹) Le danger que l'on pouvait craindre n'a pas tardé à se manifester. Le gouvernement français ayant ouvert la porte à l'enseignement de la morale à l'école, nous n'avons pas tardé à voir surgir une foule de manuels destinés à être employés par les maîtres ou par les élèves comme livres de classe, et dont quelques-uns, s'ils étaient adoptés, ramèneraient dans l'école, de la manière la plus violente, les discussions religieuses et philosophiques que l'on avait cherché à en éloigner. Nous citerons comme exemple le *Manuel d'instruction laïque* de M. Edgar Monteil, que le conseil municipal de Paris a recommandé par un vote, resté du reste sans effet, et qui commence ainsi : « Qu'est-ce que Dieu ? — Nous n'en savons rien. »

les élèves soient encouragés à la pratique du bien.
Mais en quoi consistera cette éducation morale que
nous lui confierons ?

Le maître veillera à ce que ses élèves agissent
dans leurs relations avec lui et dans leurs rapports
entre eux conformément à ce code de la vertu que
nous disions être le terrain commun où se rencontrent les gens de bien, de quelque point de la pensée
qu'ils soient partis et dans quelque direction qu'ils
s'en aillent. Il leur inspirera l'amour de la vertu,
la haine du vice. Il condamnera et poursuivra le
mensonge sous toutes ses formes et à tous ses
degrés ; il se montrera impitoyable pour tous les
actes qui constituent une infraction au respect de
la propriété. Il formera ses jeunes auditeurs aux
bonnes manières ; il leur montrera qu'en fait de
convenance et de politesse on ne saurait trop
veiller sur soi. Si l'enfance est sans pitié, il cher-
chera du moins à éveiller dans les cœurs les
sentiments généreux ; il y fera naître la sympathie
pour l'infortune, pour la souffrance ; il prendra la
défense des faibles et des petits ; qu'il voie un de
ses élèves abuser de sa force envers un enfant plus
jeune, ou qu'il le surprenne tourmentant un ani-
mal, il fera son devoir de moraliste austère et
affectueux. Est-il témoin d'un acte de vengeance,
de jalousie, de basse délation, il le condamnera
avec la sévérité qu'il mérite ; d'un trait de courage,

de désintéressement, il laissera paraître la joie qu'il en éprouve. Il appellera le mal et le bien par leur nom, et il se révélera en toute circonstance, non pas comme un maître de morale dogmatisant, exposant *ex professo*, à certaines heures de la semaine, les principes de l'éthique et leurs conséquences, mais comme un homme de principes, comme un témoin et comme un juge devant lequel il faut marcher droit.

Mais, nous fera-t-on observer, où trouver ce maître modèle, si dévoué à son œuvre, prenant sa tâche de si haut, y apportant une telle conscience?

Si l'on veut dire qu'il n'y a pas de fonctions qui exigent des qualités morales plus solides que celles d'instituteur, on ne se trompe pas. Mais nous ne demandons pas l'impossible. A défaut d'un pédagogue idéal, répondant à toutes les exigences, nous nous contenterons d'un homme sincèrement intègre, droit et sentant la responsabilité de sa tâche.

Nous avons déjà retiré à l'instituteur officiel l'enseignement de la religion et celui de la morale proprement dite, considérée comme science; nous avons encore, et pour finir, à lui interdire la politique.

La chose est si évidente que c'est à peine s'il est besoin de s'y arrêter. Qu'il explique à ses jeunes élèves, dans ses grandes lignes, l'organisation générale de la société; qu'il leur fasse comprendre le mécanisme des institutions de leur pays, à cela il n'y a rien à redire, nous ne voulons pas proscrire du programme de l'école l'enseignement civique réduit à ces proportions. Mais il doit s'abstenir de faire, sous ombre d'enseignement civique, de la politique. Dans sa classe, il n'est pas comme dans une réunion d'amis ou dans une assemblée électorale, où il lui est permis d'émettre son avis sur les questions du jour, d'exposer son programme et de juger les partis. Il faut encore ici que la neutralité de l'école ne soit pas un vain mot, et que les fils des familles monarchistes se sentent aussi libres, aussi respectés dans leurs opinions que les fils des républicains ; que les conservateurs et les radicaux de toute nuance voient dans l'établissement de l'Etat un sanctuaire au seuil duquel s'arrêtent les divergences souvent si profondes qui parquent les hommes, et même déjà les enfants, en camps adverses, pour ne pas dire hostiles. Il est inutile d'insister, mais nous ne pouvions oublier un point de cette importance.

Il nous reste en terminant ce chapitre à résoudre encore une question importante, une grave difficulté pratique.

L'école a été déclarée neutre à l'égard de tous les sujets sur lesquels ils ne règne pas un accord universel ; mais est-il sûr que cette neutralité sera toujours observée ? Nous devons donc nous demander ce qui doit être fait pour la rendre effective.

La première condition à réaliser, c'est de rendre l'instituteur aussi indépendant que possible du gouvernement central, en le faisant relever surtout de la commune. Et pourquoi cela ? Parce que l'expérience a démontré que la plupart des atteintes portées à la neutralité de l'école venaient de la subordination trop grande dans laquelle le maître se trouvait vis-à-vis du pouvoir civil. Le gouvernement, en effet, n'est pas une personne idéale, possédant en partage toutes les perfections et demeurant toujours à la place qui semblerait devoir lui appartenir ; c'est, dans le régime de la démocratie qui tend à s'établir partout, un parti au pouvoir, avec ses passions, ses ardeurs, ses haines et ses préférences ; c'est un groupe d'hommes qui désirent conserver la direction des affaires et qui n'épargnent rien de ce qui peut fortifier leur position. Il est donc naturellement porté à réclamer de ses fonctionnaires, non seulement le zèle dans l'accomplissement de leurs devoirs, mais encore certaines vues, certaines tendances conformes aux siennes. Il ne lui suffit pas qu'ils s'acquittent avec conscience de la tâche qui leur est confiée ; il attache encore une importance particulière à ce qu'ils soient dévoués à ses desseins, sympathiques à sa politique, en un mot « bien pensants. » (¹)

(¹) Citons à ce propos un fait entre mille. Nous lisions dans une correspondance datée de Berlin, 18 décembre

Si l'instituteur n'est qu'un fonctionnaire de l'Etat, c'est-à-dire si c'est ce dernier qui le nomme, qui lui commande, et qui le révoquera sans appel le jour où il aura à se plaindre de lui, nous sommes donc toujours menacés de lui voir jouer le rôle d'un agent du gouvernement. Connaissant les opinions politiques, religieuses ou irréligieuses qui sont en faveur dans les bureaux de la Direction de l'Instruction publique, il sera porté à s'en faire le champion. Au lieu de chercher uniquement dans l'accomplissement consciencieux de ses devoirs pédagogiques des titres à l'estime et à la confiance, il se dira instinctivement que les maîtres qui avancent sont ceux qui donnent des preuves de dévouement à leurs supérieurs hiérarchiques, et que l'instituteur le plus irréprochable peut s'attirer des embarras s'il ne crie pas suivant les temps : Vive le roi! ou : Vive la république de telle ou telle nuance! — Vive le pape! ou : A bas les cléricaux!

Loin de nous la pensée que le maître d'école doive s'interdire toute préférence, toute sympathie, toute

----

1881 : « M. de Puttkamer (il s'agissait d'une séance du Reichstag) a revendiqué formellement pour le gouvernement le droit d'employer les fonctionnaires à créer une agitation électorale en sa faveur : il leur a témoigné à ce sujet la reconnaissance du gouvernement et il est même allé jusqu'à leur promettre la reconnaissance de l'empereur.

(*Le Parlement*, de Paris, n° du 21 décembre 1881.)

conviction personnelle, et rester indifférent au milieu des partis qui s'agitent ; mais nous regardons comme une chose déplorable qu'il ait à se conformer à certaines vues, à certains programmes pour se faire bien venir de ceux qui disposent de son sort.

Dans certains pays, par exemple, nous voyons l'instituteur primaire moralement obligé de voter conformément au mot d'ordre qui lui est donné d'en haut, appelé à jouer un rôle important dans les réunions politiques, à les convoquer et même à les présider. Aucune obligation formelle n'existe pour lui à cet égard, mais il ne saurait se soustraire à ce rôle politique sans s'aliéner, ou tout au moins refroidir à son égard, ses supérieurs hiérarchiques.

Ailleurs on lui impose sa foi religieuse, sa croyance, on lui prescrit où il doit adorer Dieu et ne pas l'adorer.

Qu'on nous permette de reproduire ici une lettre adressée il y a quelques années par un inspecteur scolaire suisse à une maîtresse d'école du Jura bernois, à un moment où venait de se fonder dans cette contrée une église vieille-catholique officielle, et où les catholiques romains, dépossédés de leurs lieux de culte, se réunissaient dans des granges.

    « Mademoiselle,
  « Comme fonctionnaire de l'Etat de Berne, vous
« avez à contribuer de toutes vos forces à ce que
« ses intérêts se réalisent pour la fréquentation du

« culte. Si votre conscience ne vous permet pas
« d'aller à l'Eglise reconnue et approuvée par le
« gouvernement, je vous laisse la liberté de ne fré-
« quenter aucun culte ; mais je vous défends d'aller
« à la grange, parce que je ne veux pas que vous
« donniez le mauvais exemple à vos enfants. — Je
« vous donne ce conseil pour ne pas être forcé de
« vous retirer, à son temps, la subvention. Sondez
« la cause (¹). »

Cette curieuse pièce nous dispense d'en dire plus
long sur le danger que nous signalons. Elle montre
jusqu'où peuvent aller certains gouvernements dans
la voie des empiétements sur la conscience de leurs
subordonnés.

Nous ne voyons à ce mal qu'un remède. C'est
qu'en émancipant l'instituteur de la tyrannie de
l'Etat, on le fasse dépendre davantage de la commune, c'est-à-dire, après tout, des parents de ses
élèves. Nous n'irons pas jusqu'à demander que le
gouvernement livre l'école à la commune : il devra
forcément y exercer l'inspection, en surveiller la marche ; il aura le droit et le devoir de s'assurer des aptitudes des membres du corps enseignant ; mais,
au lieu d'accaparer l'instruction publique, il peut
laisser aux conseils municipaux ou, ce qui est préférable, à des comités scolaires locaux, une part
importante d'attributions. Outre qu'il intéressera

(¹) *Bibliothèque universelle et Revue suisse,* numéro
de novembre 1880, page 200.

par là les populations à la bonne marche des études, il asssurera, autant qu'il dépend de lui, la neutralité de l'école.

Les avantages de ce système sont évidents. S'agit-il, par exemple, de repourvoir un poste devenu vacant? Une inscription est ouverte, plusieurs candidats se présentent. Dans les pays où le gouvernement central est tout-puissant, les compétiteurs pourront compter, pour se concilier les suffrages, sur les services rendus par eux au parti qui gouverne ; leurs amis politiques iront rendre témoignage dans les bureaux de la Direction de l'Instruction publique, à la sincérité de leur dévouement, à la pureté de leur *credo* conservateur ou radical. Si, au contraire, le choix à faire dépend surtout du Conseil municipal, d'un comité scolaire choisi par les électeurs de l'endroit ou par les parents, nous avons alors des chances sérieuses de voir la commune jeter son dévolu sur le meilleur pédagogue, sur le candidat qui, par son caractère, inspirera le plus de confiance, et qui possède les états de service les plus sérieux. N'étant pas redevable de sa nomination à la faveur d'un parti politique, l'instituteur conservera une liberté plus entière ; il aura plus souci de satisfaire la population qui l'a appelé au milieu d'elle. D'autre part, le pouvoir central reste là pour le protéger contre les intrigues locales dont il pourrait être la victime, car on ne saurait le mettre entièrement à la discrétion de la commune.

Le système que nous préconisons a été introduit plus ou moins complétement dans la plupart des contrées où l'instruction publique tient un rang distingué, en particulier aux Etats-Unis, en Angleterre, en Allemagne et dans plusieurs des cantons suisses. En France, où tout part du gouvernement, les nominations d'instituteurs sont faites par le préfet sur la proposition de l'inspecteur d'Académie. C'est, du reste, à chaque pays à voir le degré précis de décentralisation qui lui convient, mais en thèse générale la décentralisation en matière d'instruction primaire ne saurait être trop recherchée. C'était l'opinion de M. Cousin, que nous nous plaisons à rappeler :

« Comme il doit y avoir une école par commune,
« de même il doit y avoir pour toute école commu-
« nale un comité spécial de surveillance, lequel doit
« être pris dans le Conseil municipal et présidé par le
« maire. Qu'on n'aille pas me dire que ceux qui sont
« bons pour gérer les intérêts de la commune ne sont
« pas bons pour surveiller l'école communale ; car,
« pour cette surveillance, il ne faut que du zèle, et
« les pères de famille les plus notables d'un lieu ne
« peuvent manquer de zèle pour leur plus cher inté-
« rêt. En Prusse, en ne voit à cela aucune difficulté,
« et toute école communale a son *Schulvorstand*, élec-
« tif en très grande partie (¹). »

(¹) Cité dans l'*Instruction publique en Allemagne*, par C. Hippeau, page 88.

Il peut n'être pas sans intérêt de citer encore quelques passages d'un document législatif ayant trait aux école primaires d'un petit pays, fort petit à la vérité, mais qui a déjà une longue expérience de leur organisation. M. le député J. Braillard lisait il y a quelques années ce qui suit devant le Grand Conseil du canton de Genève : « La coordination « et la haute direction de ce grand nombre d'écoles « (les écoles primaires genevoises) deviennent de « plus en plus difficiles, surtout depuis qu'un sys- « tème trop centralisateur fait tout partir de l'hôtel « de ville (du gouvernement cantonal) et y fait tout « revenir... Quoique notre canton n'ait que douze « lieues carrées et que les communications y soient « faciles, quoique nous ayons quatre inspecteurs « dotés d'indemnités de transport, la besogne a « grandi au point que, en dehors de la ville, l'ins- « pection est presque illusoire..... Le remède n'est « pas dans l'augmentation du nombre des inspec- « teurs, mais dans une collaboration qui soit plus « près de l'école, c'est-à-dire dans la commune (¹). »

Comme on le voit, en demandant, dans l'intérêt de la neutralité de l'école, qu'il soit fait à la commune une part aussi large que possible dans la direction des établissements officiels d'instruction, nous n'allons nullement à l'encontre de leur prospérité.

(¹) *Rapport de la Commission sur les comptes rendus financier et administratif pour 1880*, pages 17 et 18.

CHAPITRE V

LE PRINCIPE DE LA GRATUITÉ

Nécessité de rendre l'école gratuite, au moins pour certains élèves.
— La gratuité limitée et son application. — La gratuité absolue
et ses avantages sur la gratuité limitée. — Le budget de l'école :
sur qui reposeront les charges résultant de la gratuité de l'enseignement officiel.

Décréter que l'instruction sera obligatoire, c'est
décider par là même que la fréquentation de l'école
officielle sera gratuite, au moins pour les enfants
pauvres. Il y a entre l'obligation et la gratuité, prise
dans ce sens restreint, la même corrélation étroite
que nous avons constatée entre l'obligation de l'enseignement officiel et sa neutralité, tant en matière
religieuse ou philosophique qu'en matière politique. En effet, comment les familles indigentes
exécuteront-elles la clause de l'obligation, si l'Etat
ne leur en fournit les moyens ? Devront-elles peut-
être se reposer sur l'empressement des âmes géné-
reuses à leur procurer les ressources éducationnelles qui leur permettront de procurer à leurs enfants
la mesure d'instruction rendue obligatoire ? Mais ce
serait trop attendre de l'activité libre des citoyens
amis des lumières que de supposer qu'ils iront en

même temps dans les villes populeuses et dans les villages presque oubliés, recueillir tous les enfants privés d'instruction pour leur assurer les leçons d'un maître particulier ou l'admission dans une école. Nous avons vu d'ailleurs que si l'Etat a été amené en tout pays à intervenir directement en faveur de la cause de l'instruction élémentaire, c'était précisément en raison des lacunes considérables que les efforts de la bienfaisance et de la philanthropie laissaient subsister dans la culture des masses.

Si l'Etat veut obtenir des familles nécessiteuses qu'elles fassent instruire leurs jeunes membres, s'il entend que les prescriptions scolaires aient leur effet, son devoir est tout tracé : il assurera l'admission à titre gratuit des enfants pauvres dans ses établissements. Il pourra s'arrêter là, mais il ne saurait faire moins. Et, en fait, nous ne connaissons pas un seul pays ayant admis le principe de l'obligation qui ne l'ait complété par certaines dispositions relatives à la gratuité.

Mais la gratuité ne sera pas nécessairement restreinte aux enfants des familles pauvres. Elle pourra être étendue à tous les élèves des établissements officiels, sans exception. Entre la gratuité limitée et la gratuité absolue, l'Etat aura à faire son choix. A quel parti convient-il qu'il s'arrête ?

La gratuité limitée n'a pas toujours été comprise de la même façon. Elle peut s'étendre à un chiffre d'élèves fixé d'avance. C'est ainsi qu'en France une loi de 1802 assurait la gratuité au cinquième des élèves de l'école officielle. Cette disposition fut abandonnée dans la suite, mais, en 1853, Napoléon III revint à un système analogue, en décidant que le chiffre des admissions gratuites serait fixé par le préfet.

Cette limitation du bénéfice de la gratuité à une proportion fixe, à une fraction déterminée des élèves, nous semble absolument condamnée pour la raison suivante. On veut rendre l'école accessible à tous les enfants dont les parents ne sont pas en position de payer l'écolage, et à ceux-là seuls; or, on n'atteint qu'en partie le but en plaçant toutes les écoles d'un district ou d'un Etat sur le même pied, au point de vue de la gratuité. Dans quelques-unes, en effet, les admissions gratuites prévues par la loi ne répondront pas d'une manière suffisante aux besoins. Il se rencontrera des agglomérations pauvres dans lesquelles ce n'est pas un cinquième, par exemple, des enfants, qui devraient être exonérés de la rétribution scolaire, mais peut-être un tiers ou la moitié. Que faire alors ? Il faudra procéder à un triage entre les familles nécessiteuses, c'est-à-dire refuser à un certain nombre d'entre elles l'admission gratuite de leurs enfants. Mais ce sont ces familles-là précisément dont l'Etat devrait avoir le plus souci, puisque c'est surtout pour elles qu'il a fondé un système d'écoles publiques.

Dans les agglomérations de population plus prospères, que verrons-nous, par contre, se passer ? Il arrivera souvent que le chiffre des admissions gratuites permises par la loi dépassera plus ou moins les besoins, de sorte que l'on accordera facilement l'exemption de la rémunération scolaire à des familles qui auraient fort bien pu la payer. Donc, d'un côté on ferme l'école à des enfants pauvres qui ne sauraient acquitter l'écolage, de l'autre on l'ouvre gratuitement à des enfants appartenant à des familles jouissant d'une aisance relative.

Il y a encore une autre manière d'entendre la gratuité limitée, que nous ne saurions non plus admettre à aucun prix, et que nous ne signalons ici que pour mémoire. Elle consiste à placer les élèves payants dans la classe principale et à confier les élèves non payants à un sous-maître. Ce système a été pratiqué en France dans plusieurs communes jusqu'à ces dernières années, mais d'une manière irrégulière, car il était en opposition avec la loi (¹). Nous ne le discuterons même pas ; il nous rappelle trop la manière de procéder de ces sophistes grecs qui donnaient de bonnes leçons d'éloquence aux élèves riches, et des leçons moins soignées à ceux qui n'étaient pas en position de les rétribuer aussi grassement.

Reste la gratuité limitée, mais étendue à tous les

______

(¹) Voir *l'École*, par Jules Simon, édition in-8, page 284.

enfants qui en auraient besoin. Cette combinaison-là est admissible, bien qu'elle ne nous semble pas parfaite. En tout cas, nous y mettrions une condition.

Il est arrivé parfois que tout ou partie de l'écolage fourni par les élèves payants concourait à former le traitement de l'instituteur. Nous ne saurions absolument nous accommoder de cette manière de faire. Le maître d'école officiel ne doit pas dépendre, pour sa subsistance, des contributions des parents ; il doit être payé par la caisse de l'Etat ou de la commune. Il lui faut son indépendance. Il convient aussi qu'il ne puisse pas même être soupçonné de s'intéresser davantage aux élèves qui le rétribuent qu'à ceux qui ne grossissent pas son salaire.

La gratuité limitée, dans son sens le plus large, est encore à cette heure en vigueur en Angleterre. L'Acte du Parlement de 1870 statue, en effet, d'une manière générale, que tous les enfants paient une rétribution, mais il assure en même temps la gratuité, à titre exceptionnel, à tous les enfants dont les familles se trouvent dans l'impossibilité d'acquitter l'écolage ; les commissions scolaires locales (*School Boards*) auxquelles doivent être adressées les demandes d'exemption, se réservent naturellement le droit d'examiner les déclarations des parents et de s'assurer de leur exactitude.

L'Italie, l'Autriche ont fait de grands pas dans le

sens de la gratuité absolue de l'enseignement primaire, et il ne leur reste que peu à faire pour l'avoir réalisée complètement. En Suède, la loi autorise les municipalités à demander une redevance aux élèves, mais elles n'usent jamais de ce droit. En Hollande, la redevance scolaire est également facultative. Presque partout ailleurs le principe de la gratuité limitée a été abandonné pour celui de la gratuité absolue.

La disparition graduelle de la gratuité limitée est un fait relativement récent. La gratuité absolue a été introduite en Prusse en 1869 ; en Suisse, elle a été définitivement consacrée par la Constitution fédérale de 1874 ; l'Espagne et le Portugal l'ont adoptée dernièrement. En France, elle a été réalisée par la troisième République (loi du 16 juin 1880) ; du reste, depuis 1850, elle y existait en théorie tout au moins, puisque les communes individuellement pouvaient l'établir, mais en prenant à leur charge tous les frais nouveaux qu'entraînait cette mesure. Aux Etats-Unis elle a gagné sa cause, pendant ce dernier quart de siècle, dans quelques Etats de la Nouvelle-Angleterre et dans le Michigan, qui l'avaient jusqu'ici repoussée.

Mais que reproche-t-on à la gratuité limitée sous sa forme la plus acceptable, c'est-à-dire étendue à tous les enfants pauvres ?

Elle offre d'abord dans la pratique une difficulté

sérieuse : les listes de gratuité sont difficiles à établir d'une manière parfaitement équitable. Il peut arriver, en effet, que certains parents dissimulent assez leur véritable position pour obtenir une exemption de charges à laquelle ils n'ont pas droit, tandis que d'autres, soit qu'il leur répugne de montrer la gêne dans laquelle ils se trouvent, soit que l'on se méprenne sur leur état de fortune, paieront l'écolage, bien qu'appartenant exactement à cette catégorie de personnes que la loi voulait en exempter.

D'autre part, la gratuité limitée a cet inconvénient de peser du même poids sur le riche et sur celui qui ne fait qu'émerger au-dessus de la pauvreté. La rétribution scolaire devrait être plus forte pour les parents aisés, qui peuvent, sans se déranger, faire face aux sacrifices exigés par l'instruction de leurs enfants, que pour ceux qui se trouvent dans une position difficile. Il faudrait donc, pour que ce système donnât une satisfaction réelle, qu'au lieu d'admettre seulement deux catégories d'élèves, il prévît des rétributions diverses, proportionnées à la fortune de chacun. Mais entrer dans cette voie serait déjà renoncer à la gratuité limitée, et lui substituer le système de l'impôt scolaire.

Le grief le plus sérieux que l'on puisse élever contre la gratuité limitée, c'est qu'elle humilie le pauvre. Nous voudrions pouvoir admettre que l'élève reçu gratuitement à l'école s'y sentira aussi bien chez lui que le fils du riche, et qu'il ne rencontrera jamais dans la bouche de ses camarades plus fortunés de ces paroles blessantes de nature à compromettre l'harmonie qui doit régner entre camarades de la même classe, entre enfants du même pays, et à déposer dans son cœur un levain d'envie et de haine.

Mais est-il bien certain qu'il en sera toujours ainsi ? Du reste, quand le danger que nous signalons n'existerait pas, il n'en résulterait pas moins, pour certains parents, une situation pénible de la nécessité où ils sont de déclarer leur indigence, de solliciter comme une aumône une exemption de paiement, et de se classer eux-mêmes dans les rangs des pensionnaires de l'Etat.

Nous savons bien ce que l'on nous répondra. — Chacun doit savoir accepter la position qui lui est faite, se résigner à son sort. L'acquittement de l'écolage ne révèle que des inégalités de fortune qui existent ; n'y a-t-il pas dans le monde des pauvres et des riches ? Or, pourquoi chercher à le cacher et n'en pas convenir de bonne grâce ? La pauvreté, d'ailleurs, n'a rien en soi de déshonorant ; si la richesse ne constitue pas par elle-même une recommandation, la pauvreté n'est pas non plus un sujet de honte. On ira même plus loin, et l'on reprochera au pauvre sa répugnance à faire connaître ses embarras matériels, comme si c'était là un sentiment de fierté mal placée dont il convient de l'aider à se dépouiller (¹).

Mais nous avons peine à nous laisser convaincre par ce genre d'arguments. Il y a toujours quelque chose d'humiliant, quoi que l'on dise, à tendre la main, et si l'on nous faisait observer qu'il ne s'agit jamais que d'une somme peu considérable à solliciter de la faveur de l'Etat, nous ne trouverions rien dans ce fait qui fût de nature à diminuer la répugnance qu'éprouve le pauvre à demander. Tout au contraire : c'est peut-être surtout parce que la note à payer est peu élevée qu'un homme pauvre, mais soucieux de sa dignité, souffrira de ne pouvoir l'ac-

------

(¹) La thèse que nous combattons ici a été soutenue d'une manière fort heureuse et dans un esprit vraiment libéral, — nous nous plaisons à le reconnaître, — entre autres par M. Jules Simon, dont nous reproduisons les paroles : « Il est quelquefois humiliant d'être pauvre, c'est quand on l'est par incapacité ou par inconduite ; il peut être aussi humiliant d'être riche, c'est quand on ne peut pas avouer l'origine de sa richesse. Pauvreté, richesse, ce n'est donc rien en soi dont on puisse s'enorgueillir ou se sentir humilié. Il est bon que le fils du riche et celui du pauvre vivent ensemble sur les mêmes bancs ; mais il faut qu'ils se sachent égaux, et pour qu'ils le sachent, il faut que le pauvre se dépouille le premier du préjugé de la pauvreté. C'en est fait depuis longtemps de cette bizarre chimère de la noblesse ; finissons-en avec l'autre, ou ne nous vantons pas d'être les hommes de 89. » (*L'Ecole*, page 281) Ajoutons que M. Jules Simon n'est pas opposé en principe à la gratuité absolue.

quitter. Il est sans doute des chefs de famille moins sensibles au point d'honneur, des hommes qui n'éprouveront pas ce genre de scrupules, et pour qui disputer de l'argent à la caisse de l'Etat, alors même qu'ils seraient en mesure de faire face à leurs obligations, est affaire toute naturelle. Mais, même pour ces hommes, convient-il de maintenir une institution qui les habitue à dissimuler, à tromper le gouvernement et à se classer, sans aucun droit et sans aucune pudeur, parmi les indigents? Convient-il de leur laisser donner à leurs enfants cet exemple démoralisant ?

Voilà d'assez graves et assez nombreux reproches adressés à la gratuité limitée. Mais la gratuité absolue n'échappe pas non plus à la critique, et avant de nous prononcer définitivement pour elle, nous devons examiner aussi les objections qu'elle soulève.

A en croire certaines personnes, et très spéciale-ment certains économistes préocupés de restreindre la compétence des pouvoirs publics, la gratuité absolue est du pur communisme. Des parents ont mis au jour des enfants, c'est à eux, nous dit-on, à faire les frais de leur éducation. S'ils n'en ont pas les moyens, l'Etat leur offrira l'usage gratuit de l'école ; il s'adressera alors, par la voie de l'impôt, aux contribuables, pour faire face à la dépense qui lui incombera de ce chef, mais pourquoi se regar-derait-il comme appelé à venir en aide aux familles qui peuvent se passer de son secours ?

Cette accusation de communisme pourrait être portée avec autant de justesse contre la plupart des entreprises de l'Etat. N'arrive-t-il pas, en effet, constamment que les pouvoirs publics affectent l'argent de tous à des objets qui ne profiteront directement qu'à une partie des citoyens? Et pour ne citer qu'un exemple, combien d'Allemands et d'Italiens auxquels il n'arrivera jamais de passer le tunnel du Saint-Gothard, qu'ils ont contribué cependant à faire ouvrir, puisque leurs gouvernements respectifs ont voté un certain nombre de millions en faveur de cette entreprise!

Nous rappellerons en outre, ce que l'on semble parfois trop disposé à oublier, que l'Instruction populaire se recommande à la sollicitude de l'Etat en raison de l'intérêt national qu'elle présente. Ce serait, en effet, une erreur de penser que les écoles officielles profitent seulement à ceux qui s'en servent ; elles sont utiles au pays tout entier, dont les différentes classes se trouvent les unes vis-à-vis des autres dans une étroite solidarité, et, à ce titre, elles doivent pouvoir compter sur l'appui matériel de tous les contribuables.

On attaque encore la gratuité absolue en disant qu'elle habitue les populations à recevoir, à se laisser assister, qu'elle ébranle en elles le sentiment du devoir avec celui de la dignité, et qu'elle ne tend à rien moins qu'à détruire la famille. Quand un enfant, écrit le père Rouvier, a été nourri à la

crèche, élevé dans « une salle d'asile et instruit
« dans une école à titre gratuit, il trouvera tout
« simple, devenu homme, d'envoyer son père mou-
« rir à l'hôpital..... Dans ces cas l'Etat ne *supplée*
« plus le père de famille, il le *supplante ;* il prend
« complètement sa place, et cela ne doit pas être,
« sous peine de détruire l'économie de la famille et
« de porter atteinte aux droits les plus sacrés du
« père. » (¹) M. de Molinari, toujours dans le même
ordre d'idées, s'élève contre la gratuité parce qu'elle
développe l'esprit d'imprévoyance. Elle fait partie,
selon lui, du « charitisme gouvernemental et com-
« munal par lequel on rejette sur la société une
« partie du fardeau que la Providence a imposé au
« père de famille. » (²) et il croit pouvoir attribuer
à cette déplorable tendance des gouvernements à
sortir des limites de leur activité propre, un développement anormal de la population et les progrès
croissants du paupérisme.

Mais quoi ! est-il vrai qu'en fournissant l'instruction gratis aux enfants du pays l'Etat fasse une
œuvre si funeste ? Parce que les parents n'auront
plus à payer les frais d'école de leurs enfants, ils
les aimeront moins et acquerront moins de titres à

(¹) La *Révolution maîtresse d'école.* — Paris 1880, pages
100 et 101.

(²) Voir *De l'enseignement obligatoire*, par G. de Molinari et Fréd. Passy. — Paris 1859, pages 64 et suiv.

leur affection ? Ils seront encouragés à se reposer sur le pouvoir civil du soin de les élever, et ils méconnaîtront de plus en plus les obligations qu'ils ont contractées vis-à-vis d'eux en les mettant au monde ! Nous ne saurions absolument prendre les choses aussi au tragique. Et qui donc s'est jamais senti froissé dans sa dignité parce qu'il ne paie pas directement de ses deniers le bec de gaz qui l'éclaire, l.i fontaine qui lui fournit son eau, le garde rural qui défend sa propriété ? Il nous semble bien plutôt que les chefs de famille feront le petit raisonnement que voici : « Le gouvernement ne subvient à l'entretien des écoles qu'avec l'argent qu'il réclame au corps des contribuables dont nous faisons partie ; s'il ne le demande pas sous la forme d'écolages, il se le procure d'une autre façon, mais c'est toujours le peuple qui paie l'instruction de ses enfants, et l'Etat ne lui fait pas de cadeaux. »

On n'estime que ce que l'on paie, dit-on encore. C'était l'opinion de Mirabeau ; dans son *Travail sur l'éducation publique* il s'exprimait comme suit : « Au « premier coup d'œil on peut croire l'éducation « gratuite nécessaire au progrès des lumières ; mais « en y réfléchissant mieux, on voit... que le maître « qui reçoit un salaire est bien plus intéressé à per-« fectionner sa méthode d'enseignement et le dis-« ciple qui le paie à profiter de ses leçons. Les meil-« leures écoles de l'Europe sont celles où les profes-« seurs exigent une rétribution de chacun de leurs

« disciples. » (¹) Peut-être l'observation que fait ici le grand orateur de l'Assemblée constituante serait-elle juste si, dans le système de la non gratuité, la rémunération scolaire était demandée aux élèves eux-mêmes et prise dans leur bourse. Or, dès que ce sont leurs parents qui paient, les enfants ne se soucient guère de savoir si le droit de fréquenter l'école leur est acquis au moyen d'une rétribution spéciale ou par une participation plus forte à l'impôt. Nous ne pouvons non plus nous empêcher de remarquer que si le danger que l'on nous signale était réel et que la gratuité de l'instruction dût forcément refroidir le zèle de l'élève, ce n'est pas seulement la gratuité absolue qui serait un mal ; la gratuité limitée serait également condamnée, et il faudrait obliger les parents pauvres eux-mêmes à payer au moins un faible écolage, sous peine de voir leurs enfants prendre rang parmi les derniers de la classe.

Il est pourtant un reproche adressé à la complète gratuité qui nous paraît pleinement justifié : elle grève le budget d'une somme considérable. Ne pouvant plus compter sur l'argent qui lui était fourni par les rétributions scolaires, l'Etat se trouve en présence d'une situation nouvelle à laquelle il doit faire face. Il en résulte ainsi un fort accroisse-

---

(¹) *L'Instruction publique en France pendant la Révolution*, par C. Hippeau. — Paris, 1881, page 9.

ment des charges publiques qui, dans un grand pays, se traduira bien vite par de nombreux millions.

Nous ne saurions voir là cependant un de ces obstacles insurmontables devant lesquels il faille s'arrêter. Sans doute les gouvernements doivent tenir à conserver les ressources qu'ils possèdent, et ils ne sauraient sans de sérieux motifs décréter de nouveaux impôts. Mais remarquons deux choses. Notre première observation, c'est que, déjà sous le régime de la gratuité limitée, l'Etat devait demander chaque année aux contribuables des sommes assez rondes pour ses écoles, en sorte qu'il n'y a là qu'une question d'augmentation et non de création d'impôt. Notre seconde observation, c'est que l'Etat, ayant décidé d'exonérer de tout écolage les familles qui jusque-là payaient pour l'instruction de leurs enfants, on ne saurait lui reprocher dès lors de demander à ces mêmes familles, sous la forme d'impôt, une partie des nouvelles ressources dont il a besoin.

Nous concluons ainsi franchement en faveur de la gratuité illimitée, mais nous avons encore à revenir en quelques mots sur un point qui se rattache étroitement à notre sujet. Par quel mode d'imposition sera-t-il fait face aux dépenses que nécessite le service de l'instruction primaire ?

On ne peut demander des ressources qu'à l'Etat

ou à la commune. Presque partout nous voyons ces deux autorités se partager les charges, dans une proportion qui varie suivant les pays. Tantôt, comme en Angleterre, en France, en Hollande, en Allemagne, en Italie et aux Etats-Unis, le gros de la dépense retombe sur la commune, le reste incombant à l'Etat ou à la province ; tantôt, comme c'est le cas pour le plus grand nombre des cantons suisses, le gouvernement central fait une part importante, en tous cas chaque fois que son secours est nécessaire. Que la commune et l'Etat réunissent leurs efforts, c'est dans l'ordre, puisque l'instruction publique est d'un intérêt local et général à la fois.

Il peut être pourvu à l'entretien de l'école en tout ou en partie par des taxes spéciales, comme c'est le cas en Angleterre et en Allemagne, ou bien en lui allouant une partie des sommes qui figurent à l'actif du budget général ; mais comme, en définitive, ce sont toujours les citoyens qui paient, la seule question qui nous intéresse ici est de savoir à quelle classe de personnes on fera supporter les frais de l'école.

Remarquons d'abord que, pour plusieurs contribuables, les ressources que l'on sera appelé à demander ne constitueront pas un impôt nouveau, mais une transformation de l'impôt. Nous parlons ici des pères de famille dont les enfants suivent l'école publique. Pour les autres, ce sera une charge nouvelle, mais qui se fera accepter sans difficulté. Il n'est pas d'argent que l'on donne plus volontiers que celui qui doit servir à préparer au pays des citoyens éclairés, actifs et, par dessus tout, animés les uns envers les autres de cet esprit de concorde, de bienveillance, de respect mutuel, que la fréquentation de l'école tend si fortement à développer au milieu des jeunes générations. Du reste, l'exemple des différents pays d'Europe et d'Amérique qui ont introduit chez eux la gratuité est, à cet égard, des plus probants. Aussi pouvons-nous dire qu'il suffit de mettre pendant quelques années à l'essai le principe de la gratuité, prise dans son sens le plus large, pour qu'il entre dans les mœurs, se fasse accepter de tous et finisse par s'imposer d'une manière définitive.

Le seul point que nous tenions à nous faire accorder, c'est que l'entretien des écoles publiques repose sur tous les contribuables auxquels il est fait appel pour les autres dépenses du pays, et non pas d'une manière spéciale sur quelques-uns seulement, ce qui serait rétablir la gratuité sous une autre forme.

En Amérique, où, du reste, les écoles disposent d'un fonds scolaire assez considérable résultant d'une retenue faite, suivant une règle fixe, sur le produit de la vente des terres domaniales, la taxe scolaire est établie sur le capital et sur la propriété foncière.

Rien de plus naturel que de frapper la fortune,

mais il nous semble que l'on fait par là dépendre
l'existence de l'école d'une catégorie de citoyens et
non de l'ensemble de la nation. Or, il convient
d'associer à l'œuvre de l'instruction publique les
personnes qui, sans être propriétaires mobiliers ou
immobiliers, en retirent en tout cas un profit indi-
rect, même quand elles n'ont pas d'enfants ou
qu'elles envoient les enfants qu'elles ont dans d'autres écoles que les établissements de l'Etat.

Quant à soumettre, comme dans le Luxembourg,
les parents des enfants en âge de fréquenter l'école
primaire à un impôt spécial, appelé à devenir l'un
des revenus importants du service de l'instruction
publique (¹), nous ne saurions voir dans ce genre
de taxe qu'une des formes de l'écolage, combinée
avec l'impôt, mais nous lui préférons l'impôt pur et
simple.

Nous citerons enfin, pour mémoire seulement,

(¹) Cette disposition qui, selon M. de Laveleye, a
donné jusqu'en 1872, « les meilleurs résultats, » est, sup-
posons-nous, encore en vigueur. En voici le détail :
« Dans le grand-duché de Luxembourg, tous les frais de
l'instruction sont à la charge de la commune, qui, en
cas de besoin, reçoit un subside de l'Etat ; mais une
partie de la dépense est couverte par une taxe répartie
entre les parents des enfants de six à douze ans. Ces contribuables sont divisés en classes, et taxés suivant leur
fortune et le nombre de leurs enfants. Les indigents
sont exempts de cet impôt. » (*L'Instruction du Peuple,*
par E. de Laveleye, page 44.)

le système aussi injuste que vexatoire, imaginé par
Napoléon Ier, d'une taxe scolaire établie sur les re-
cettes des institutions privées (¹).

(¹) La loi « ordonnait qu'il serait prélevé, au profit
de l'Université et dans toutes les écoles, un vingtième
sur la rétribution payée par chaque élève pour son instruction. » (*Essai sur l'histoire et sur l'état actuel de
l'Instruction publique en France*, par F. Guizot. —
Bruxelles, 1846, page 77.

CHAPITRE VI

LA LIBERTÉ D'ENSEIGNEMENT

L'Etat n'a pas le monopole de l'enseignement primaire. — Le
monopole absolu et le monopole restreint; coup d'œil sur
leur histoire. — Les droits et les bienfaits de la liberté
d'enseignement.

Nous nous sommes demandé dans les chapitres
qui précèdent comment devra s'y prendre l'Etat
pour résoudre les difficultés que soulève la création
des écoles primaires officielles, de manière à ne
froisser aucun sentiment respectable, aucune conviction, aucune croyance, et à organiser véritablement un enseignement national, en ce sens que la
nation tout entière en pourra profiter. Nous n'avons
pas perdu de vue un seul instant les deux grands
principes qui dominent notre sujet et qui doivent
guider le législateur dans son œuvre. Nous avons
laissé à la famille la direction, c'est-à-dire l'éducation proprement dite de l'enfant, et nous avons respecté, dans toute sa plénitude, la liberté de conscience des parents.

Il nous reste toutefois encore un point important
à traiter. Après avoir exposé ce que sera l'école pu-

blique, nous avons à dire ce qu'elle ne sera pas. Nous avons considéré les caractères positifs qu'elle doit revêtir : ce sont ses caractères négatifs dont nous avons maintenant à nous occuper.

Ces caractères se ramènent en fait à un seul : l'État ne constituera à aucun degré un monopole en faveur de ses écoles. Il imposera l'instruction à tous les enfants du pays, mais il ne rendra ni directement ni indirectement la fréquentation de ses propres établissements obligatoire. Tout père de famille restera libre de choisir les maîtres, précepteurs ou instituteurs auxquels il désire confier ses enfants, et, pourvu qu'il observe les prescriptions relatives à l'instruction obligatoire, l'État n'aura rien à voir à ce qu'il fait. En d'autres termes, la liberté d'enseignement sera garantie.

Il est de la plus haute importance de bien marquer la limite que l'État doit mettre à son initiative en matière d'instruction publique. En effet, eût-il organisé suivant les principes les plus larges et les plus franchement libéraux les écoles officielles, que s'il portait atteinte à la liberté de l'enseignement, c'en serait assez pour fausser l'économie de son œuvre. Il ne lui siérait plus de parler des droits de la famille au moment même où il les violerait dans l'intérêt de la fréquentation de ces écoles. Il se contredirait en retirant d'une main ce qu'il aurait paru accorder de l'autre.

Du reste, lorsque l'État cherche à s'attribuer le

monopole de l'école, lorsqu'il décrète des mesures tendant à restreindre au profit de ses propres institutions la liberté de l'enseignement, on peut être sûr qu'il s'est déjà départi dans l'organisation de l'instruction primaire de cet esprit large et impartial qui devrait sans cesse le diriger. Nous pourrons avoir encore l'école laïque et gratuite, mais, quoi que l'on puisse prétendre, c'en sera fini de l'école absolument neutre au point de vue religieux et politique. L'Etat aura cessé de regarder l'éducation de l'enfant comme ressortissant spécialement à la famille. Il se considérera comme ayant charge d'âmes ; ses établissements, au lieu d'être des sanctuaires où, sous l'influence d'un enseignement à la fois sans caractère de tendance et plein de respect pour l'individualité humaine, la pensée se déploie librement, ressembleront plutôt à ces serres bien chauffées où l'on fait grandir de force des produits que l'on ne saurait attendre de la nature laissée à elle-même. C'est là un fait sur lequel nous aurons d'ailleurs l'occasion de revenir.

La liberté de l'enseignement se présente à tout esprit exempt de passion avec un tel caractère de nécessité, que l'on éprouve une certaine surprise en voyant toute la peine qu'elle a eue à s'introduire dans les mœurs et dans les lois. En fait, comme les autres principes qui, dans les pays avancés, servent de plus en plus de base à l'organisation de l'école, comme la laïcité, comme la gratuité de l'enseignement, c'est aussi une conquête récente, si récente, qu'elle est encore assez loin, à l'heure actuelle, d'être acceptée partout dans toute son étendue, et avec toutes ses conséquences.

Lorsque l'enseignement primaire fait sa première apparition, il se présente comme un monopole. C'est d'abord à l'église catholique qu'en tout pays est laissé le soin de l'organiser. Si parfois des municipalités ou des corporations tentent d'en partager avec elle la direction, elles finissent toujours par succomber devant la résistance du clergé.

Plus tard, lorsque, grâce à l'initiative des Réformateurs, l'instruction populaire prend un essor nouveau dans tous les pays protestants, nous voyons l'Eglise nouvelle fonder aussi ses écoles et les tenir dans sa main. Comment en eût-il été autrement ?

A une époque où chaque Etat proclamait une religion officielle et obligatoire, où les protestants étaient chassés de France comme des rebelles en révolte contre les lois du pays, et où les catholiques, pour les mêmes motifs, étaient ou bien expulsés des contrées réformées ou bien privés de leurs droits civiques, en un temps où la liberté religieuse était encore à naître, comment les gouvernements auraient-ils autorisé l'enseignement élémentaire libre ? L'école entre les mains du pouvoir ecclésiastique, c'était à merveille, elle ne pouvait que contribuer à l'affermissement, au milieu des jeunes générations,

des croyances reconnues par l'Etat. Mais l'abandonner à l'industrie privée, c'eût été permettre à
l'hérésie de s'infiltrer dans l'esprit des masses, et lui
ouvrir en quelque sorte la porte. Aussi voyons-nous,
jusqu'au moment où la liberté de conscience a
remporté une victoire décisive, c'est-à-dire jusque
vers la fin du siècle dernier ou le commencement
de celui-ci, l'État et l'Eglise, étroitement unis, tra-
vaillant toujours l'un pour l'autre et l'un avec
l'autre, conserver le monopole de l'école. L'Eglise
était plus spécialement, quand ce n'était pas
exclusivement, chargée de sa direction ; mais le
pouvoir civil veillait avec un zèle jaloux autour de
cet enseignement officiel, et empêchait toute concurrence. On sait ce que devinrent en France, malgré
leur rare mérite, les écoles de Port-Royal : le jour
où il fut établi que les pieux solitaires professaient
des doctrines condamnées par l'autorité ecclésiastique, elles furent fermées En Allemagne, l'enseignement populaire qui surgit partout à la voix
puissante de Luther ne s'établit que sur les ruines
des quelques établissements d'instruction privés
qui avaient pu se fonder avec l'approbation ou le
privilège de l'Eglise ou des municipalités. Nous
lisons à ce sujet dans l'*Histoire de l'éducation et de
l'instruction* du docteur Frédéric Dittes les détails
qui suivent, relatifs à la réforme scolaire dans le
Brunswick : « Le règlement de l'Eglise et des écoles
« du Brunswick, de l'année 1528, fraya surtout la

« voie à l'*école allemande*. Il fut composé par le
« plus intime ami, le plus ardent collaborateur de
« Luther, Jean Bugenhagen (mort en 1558 à Wit-
« temberg). Il contient avec des ordonnances sur
« l'Eglise les statuts des « *écoles allemandes* » et des
« *écoles de filles* », qui devaient être et qui furent
« en effet fondées dans le Brunswick. Les écoles
« privées existantes furent dissoutes » (¹).

C'est aux époques de crise — crise religieuse ou
crise politique, — que nous voyons s'accentuer avec
le plus de force la tendance à la monopolisation de
l'école par l'Etat. Dans ces moments-là, en effet, les
citoyens sont profondément divisés en deux classes,
tout occupées à se combattre l'une l'autre : d'un
côté les partisans, de l'autre les adversaires du
régime qui cherche à s'implanter. Dans une pareille
situation, en présence d'un antagonisme qui con-
sume les forces vives de la nation et menace à tout
instant de rallumer la guerre civile, comment les
hommes qui détiennent le pouvoir ne se serviraient-
ils pas de l'école, dont ils peuvent disposer à leur
gré, pour façonner aux idées nouvelles les générations qui arrivent ? Et comment, pour faire leur
œuvre complète, n'interdiraient-ils pas l'enseignement privé ? Il leur faudrait une foi bien profonde
en la puissance des principes pour résister à cet
entraînement.

(¹) Page 147 de la traduction A. Redolfi. Nous avons
apporté à cette citation quelques modifications de style.

Ainsi, en supprimant la liberté d'enseignement, l'Etat a son dessein parfaitement arrêté. Il veut répandre au sein des masses certaines idées qui lui tiennent à cœur, et dont le triomphe lui paraît nécessaire. Vulgariser les connaissances scientifiques, répandre l'instruction est alors le moindre de ses soucis. Son but est d'agir sur l'opinion ; ses établissements d'instruction deviennent un centre de propagande religieuse ou politique. C'est juste le contraire de l'école telle que nous l'avons conçue, de l'école dans laquelle l'instruction est tout, et qui se défend d'exercer sur les jeunes élèves aucune influence en ce qui touche à leurs principes ou à leurs opinions.

Et à quel prix l'Etat en arrive-t-il alors à ses fins ? En violant de la manière la plus flagrante les deux principes que nous avons considérés comme les deux pôles sur lesquels doit reposer toute l'organisation d'un enseignement élémentaire conçu dans un esprit libéral. Au lieu de laisser l'enfant à la famille, l'Etat le lui prend ; il lui en enlève la direction ; il se substitue à elle dans l'œuvre de son éducation ; l'enfant n'est-il pas sa propriété avant d'être celle de ses parents ? ne sait-il pas mieux que personne ce dont il a besoin, ce qui lui est nécessaire ? Et d'autre part, quant à la liberté de conscience, il ne saurait plus en être question. Les prérogatives de l'individu et de la famille sont supprimées. Nous sommes ainsi ramenés en pleine antiquité. Voilà ce qu'il faut se dire et ne pas oublier. Toute atteinte portée à la liberté d'enseignement est un recul vers un état social que nous avons dépassé, un pas en arrière vers la négation des droits de l'individu.

Les gouvernements eux-mêmes qui s'attribuent le monopole de l'école en conviendraient peut-être, car il est bien évident qu'ils ne sauraient accomplir leur œuvre sans fouler aux pieds les droits de la famille et ceux de la conscience. Mais dans les grandes convulsions que les sociétés traversent, les principes de justice perdent de leur empire et les grands coups d'autorité semblent chose fort naturelle. Après tout, quand on travaille pour le salut de la patrie, à quoi bon se laisser arrêter par des scrupules ; aux temps exceptionnels les mesures exceptionnelles. La raison d'Etat prime les autres considérations.

Veut-on se rendre un compte exact, par l'étude même de l'histoire, des tendances auxquelles obéit un gouvernement qui s'octroie le monopole de l'école ? A cet égard, ce qui s'est passé dans les jours les plus sombres de la Révolution française est d'un vif intérêt.

Chacun connaît, au moins de nom, le *Plan d'éducation nationale* rédigé par Michel Le Peletier. Ce projet, dont il fut donné lecture à la Convention, après la mort de son auteur, ne reçut pas même, il est vrai, un commencement d'exécution ; mais Robespierre, qui s'écriait à la même époque : « il ne sera plus parlé à l'enfant de religion, » en fit un éloge pompeux auquel ses collègues s'associèrent ; il répondait donc bien aux idées du temps.

« Je demande, disait Michel Le Peletier, que
« vous décrétiez que depuis l'âge de cinq ans jusqu'à
« douze pour les garçons et jusqu'à onze pour les
« filles, tous les enfants sans distinction et sans
« exception seront élevés en commun, aux dépens
« de la République et que tous, sous la sainte loi de
« l'égalité, recevront les mêmes vêtements, même
« nourriture, même instruction, mêmes soins. »
Plus loin le rapporteur de la Convention exposait de la manière suivante les avantages de la réforme qu'il préconisait :

« Ainsi, depuis cinq ans jusqu'à douze, c'est-à-dire
« dans cette portion de la vie si décisive pour donner
« à l'être physique et moral la modification, l'im-
« pression, l'habitude qu'il conservera toujours,
« tout ce qui doit composer la république sera jeté
« dans un moule républicain.

« Là, traités tous également, nourris également,
« vêtus également, enseignés également, l'égalité
« sera pour les jeunes élèves, non une spécieuse théo-
« rie, mais une pratique continuellement effectuée.

« Ainsi se formera une race renouvelée, forte, la-
« borieuse, réglée, disciplinée, et qu'une barrière
« impénétrable aura séparée du contact impur des
« préjugés de notre espèce vieillie.

« Ainsi, réunis tous ensemble, tous indépendants
« du besoin, par la munificence nationale, la même
« instruction, les mêmes connaissances leur seront
« données à tous également, et les circonstances
« particulières de l'éloignement du domicile, de
« l'indigence des parents, ne rendront illusoires
« pour aucun les bienfaits de la patrie (¹). »

On aura remarqué ces mots : « jeter tout ce qui
doit composer la république dans un moule républicain, » et cette autre phrase : « une race renouvelée,..... séparée du contact impur des préjugés de
notre espèce vieillie. » Il s'agissait donc bien, comme
on voit, d'opérer à l'aide de l'école une révolution
profonde dans les esprits, et s'il faut pour cela arracher brusquement l'enfant à sa famille, qu'à cela ne
tienne, on le fera.

Du reste, un autre conventionnel, Fourcroy,
pourrait au besoin nous renseigner plus exactement
encore sur l'esprit qui animait les réformateurs de
1793. Dans son discours sur le plan d'éducation nationale de Le Peletier, il louait en ces termes l'initiative prise par ce dernier : « Son projet hardi diffère
« de tous les autres ; il n'avait de guides que dans
« les législateurs anciens. Il regarde, avec les sages
« de la Grèce, les fils des citoyens comme les en-
« fants de la République ; il les sépare de leurs pa-

____

(¹) *L'instruction publique pendant la Révolution française*, par C. Hippeau, pages 349, 383.

« rents ; ils ont eu avant eux une première mère,
« c'est la patrie ; il les recueille dans le sein de cette
« mère commune ; il les nourrit de sa propre subs-
« tance ; il les forme entièrement pour elle ; il veut
« qu'ils soient tout entiers à la République. »

Et plus loin Fourcroy s'écriait : « Voulez-vous
« laisser aux caprices, aux préjugés, à la malveil-
« lance et surtout à la haine de vos lois et de la Ré-
« volution française, le soin d'élever contre la patrie
« les enfants qu'elle appelle à sa défense et au main-
« tien de sa constitution républicaine ? » — Ce qui
revenait à dire : Voulez-vous permettre aux parents
de conserver la direction de leurs enfants ?

Malheureusement il fallait bien se demander si
l'éducation entièrement en commun et à la charge
de l'Etat, telle que la rêvait Le Peletier, était chose
possible. Fourcroy a le regret de devoir dire que
non : elle grèverait annuellement le budget de 540
millions de livres, sans compter les frais énormes
de premier établissement des écoles-pensions destinées à recevoir toute la jeunesse de la France. A cet
égard, il n'y a aucun doute et l'orateur déclare dans
le style de l'époque que « la douce illusion de l'es-
« pérance doit s'évanouir devant l'exactitude des
« calculs. »

Les enfants continueront donc à être nourris et
entretenus dans la famille : c'est un mal nécessaire.
Mais du moins sera-t-il permis à l'Etat de prescrire
aux parents la façon dont ils s'y prendront ; ainsi il

décrétera par une loi « l'habit commun des enfants
« de toute la République ; tous les enfants seront
« habillés de la même manière et des mêmes étoffes
« simples, » — le reste à l'avenant.

Les enfants de la patrie ! Fourcroy a dit le mot ;
il n'y a plus de fils et de filles pour les membres de
la Convention ; la famille est dissoute, et les ridi-
cules exagérations auxquelles aboutit leur système
ne servent qu'à mieux montrer l'esprit qui les
animait.

Si le système que nous venons d'exposer, et dans
lequel l'enseignement privé est absolument confis-
qué au profit de l'ecole officielle, heurte toutes nos
idées de liberté et de justice, il faut cependant lui
reconnaître un incontestable mérite. L'Etat a jusqu'au bout le courage de son opinion. Il déclare
franchement ce qu'il veut, il ne dissimule en rien le
but qu'il poursuit. Il se reconnaît le droit d'enlever
l'enfant à la direction de la famille pour le placer
sous celle des pouvoirs publics. Il proclame ce qu'il
faut croire et penser. Ainsi, les peuples qui adoptè-
rent la Réforme rendirent obligatoire la profession
de la foi protestante ; l'ancienne société française,
d'autre part, ne reconnut de religion légale que le
catholicisme. Arrivent les hommes de la Convention, qui proclament à la fois des dogmes politiques
et des dogmes religieux. Leur catéchisme politique,
c'est la foi dans l'excellence du principe républicain tel qu'ils le conçoivent ; leur catéchisme reli-

gieux est fondé tantôt sur la reconnaissance de la déesse Raison, tantôt sur celle de l'Etre suprême. Qu'un membre de la communauté, dans ce système de l'absolutisme gouvernemental, refuse de se soumettre aux exigences de l'Etat en matière d'opinions et de croyances, le pouvoir civil le contraindra à accepter ses décrets. Ou bien il montrera aux récalcitrants le chemin de l'exil, ou bien il les jettera en prison, à moins qu'il ne voie dans l'échafaud un moyen plus rapide et plus sûr de triompher de leur résistance. Un tel régime n'est pas propre à se faire regretter, mais du moins l'Etat ne cache pas son jeu. Or, la franchise a bien son prix.

Si, en concentrant l'instruction primaire tout entière dans les établissements officiels, l'Etat se propose en général d'accomplir par elle des réformes importantes, ce n'est pas cependant le seul cas possible. Parfois, en effet, il se proposera simplement de conserver les résultats acquis, de maintenir le pays dans la situation où il se trouve, d'empêcher l'invasion des idées nouvelles qui pourraient s'introduire par l'enseignement privé. C'est ainsi qu'il s'est fait que, jusqu'à ces dernières années, l'école primaire est restée, dans plusieurs pays, le monopole de l'Etat. Il y a à peine vingt ans que, dans son *Dictionnaire général de politique* (¹), M. Maurice Block pouvait encore imprimer ces mots : « En

______

(¹) Tome 2, page 98.

« Danemark, où la liberté d'enseignement n'existe
« pas, l'école publique est imposée aux parents. »

Il faut bien aussi se souvenir, pour s'expliquer la
longue vie du monopole scolaire exercé par l'Etat,
que les gouvernements sont naturellement enclins
à défendre les attributions dont ils jouissent, et que
l'exercice du pouvoir développe souvent chez eux
un esprit autoritaire qui n'est pas l'un des moindres
obstacles au progrès.

Nous venons de nous arrêter à un système qui
était la négation pure et simple de la liberté d'enseignement. A l'heure actuelle, nous ne connaissons pas de pays où il ait été conservé dans sa
rigueur, et dont on puisse dire que l'enseignement
privé y est interdit par la loi. Il s'en faut pourtant
de beaucoup que l'Etat ait franchement accepté la
concurrence que peut faire à ses écoles l'initiative
privée. Ne pouvant plus prétendre à un monopole,
il lui reste la ressource de restreindre la liberté de
diverses manières, et c'est ce qu'il fait en plusieurs
pays. Sans doute le mal est moins grand que par le
passé, l'abus d'autorité moins criant. Mais comme
le père de famille n'est réellement respecté que
lorsqu'il peut faire instruire ses enfants par qui et
de la manière qu'il veut, nous ne sommes pas disposé à nous contenter d'une demi-liberté. Toutefois
si l'on nous démontre par de bonnes raisons que
l'Etat est forcé d'entourer le droit d'enseigner de

certaines réserves, nous nous laisserons persuader.
C'est ce qu'il faudrait voir, mais, le dirons-nous ?
nous abordons cet examen avec des idées préconçues, nous prévoyons l'insuffisance des arguments
que l'on peut faire valoir en faveur de la restriction
de la liberté. Nous savons, en effet, qu'il est tout au
moins deux pays où la liberté de l'enseignement est
franchement acceptée avec toutes ses conséquences,
et nous n'avons pas appris qu'ils aient eu lieu de
regretter la position qu'ils ont prise.

L'Etat peut porter atteinte au droit d'enseigner
de deux manières. Tout d'abord lorsqu'il attache à
la fréquentation de ses établissements certains
avantages qui sont refusés aux élèves de l'enseignement privé. Si, par exemple, il devait frapper de
certaines incapacités civiles les jeunes gens qui
n'ont pas suivi l'école primaire officielle, et décréter
que certaines carrières publiques, jusqu'ici ouvertes
indistinctement à tous, leur seraient fermées, il ne
ferait, il est bien certain, que rétablir par une voie
détournée une sorte de monopole en faveur de ses
institutions. Il est bien évident, en effet, que le
choix des parents ne serait plus libre, et qu'un très
grand nombre d'entre eux ne se décideraient pour
l'enseignement officiel qu'à regret et dans la crainte
de compromettre l'avenir de leurs enfants. Qu'on
nous permette ici une citation. M. Brisson, l'un des
hommes les plus en vue dans le monde politique
français, prononçait devant ses électeurs, au mois

de novembre 1879, les paroles suivantes, qui furent
à plusieurs reprises soulignées par des marques de
vive adhésion : « Il faut que l'Etat se défende, il
« faut qu'il dise : On a établi dans ce pays-ci ce qui
« s'appelle la liberté d'enseignement. Eh bien! soit,
« va pour la liberté. Mais je ne veux plus jouer vis-
« à-vis du cléricalisme le rôle de dupe ou de com-
« plice que jouent depuis trente ans tous les gou-
« vernements qui m'ont précédé. Je ne veux pas lais-
« ser envahir les ordres de nos fonctionnaires par les
« nourrissons des congréganistes.(*Applaudissements.*)
    « Ceux qui ont été sur les genoux de l'Eglise n'en-
« treront pas dans mes bureaux. (*Très bien ! Bravos.*)
    « Comme il faut trouver un moyen de faire mon-
« trer patte blanche, le voici. L'Etat dira : Désor-
« mais, je demande le certificat d'études à tous les
« jeunes gens qui voudront entrer soit dans les
« administrations, soit dans les écoles qui ont le
« privilège de recruter certaines fonctions publi-
« ques, c'est-à-dire l'Ecole polytechnique, l'Ecole
« forestière, l'Ecole militaire, l'Ecole navale, etc.
« Congréganistes, vous enseignerez, puisque la loi
« de 1850, et puisque le nouveau libéralisme le
« veut; mais je ne vous emprunterai plus ni un
« ingénieur, ni un administrateur, ni un officier, ni
« un magistrat, ni un employé (¹). »

(¹) *La Révolution maîtresse d'école*, par le Père Rouvier, pages 22 et 23.

Comme on le voit, nous ne nous battons pas ici contre des moulins à vent, mais contre des réalités. Et le discours de l'honorable député de Paris que nous venons d'entendre n'est point lui-même un fait isolé; le journal *la République française*, entre autres, a soutenu exactement les mêmes théories.

« Si certains pères de famille, s'écriait-il un
« jour, veulent rester libres de soustraire leurs
« enfants à l'enseignement national, la nation, à
« son tour, aura sans nul doute le droit et même
« le devoir de n'ouvrir l'accès des fonctions publi-
« ques qu'à ceux qui auront reçu dans ses écoles,
« au moins pendant un temps *minimum* déterminé,
« une instruction en harmonie avec les institutions
« et les lois existantes (¹). »

Ces étranges théories (²) ne se distinguent dans le

(¹) *La Révolution maîtresse d'école*, par le Père Rouvier, page 22.

(²) Ce n'est pas sans une pénible surprise que nous avons vu le Congrès international de l'enseignement, tenu à Bruxelles du 22 au 29 août 1880, souscrire à ces dangereuses doctrines. « La liberté d'enseignement étant admise, lisons-nous dans le rapport de M. A. du Mesnil sur les travaux de ce congrès, l'Etat a le droit de ne recruter le personnel de tous ses services que parmi ses élèves. Chacune de nos écoles spéciales a, du reste, ses examens d'entrée; c'est là la herse. Voyez les grands et les petits séminaires; l'Eglise prétend, à bon droit, s'assurer elle-même des vocations. Admet-elle en quelque endroit le partage? En quel endroit? » (*Lettre à M. Jules Ferry*, Paris 1880, page 71.)

fond de celles de Le Peletier que sur un point dont nous reconnaîtrons volontiers l'importance. L'Etat n'impose plus par des mesures légales la fréquentation des écoles officielles à tous les enfants du pays; ils pourront être envoyés dans des institutions privées ou prendre leurs leçons à domicile, au gré de leurs parents. Cependant, quand on regarde les choses de près, on ne tarde pas à reconnaître que, s'il ne s'agit plus d'attribuer à l'Etat le monopole absolu de l'enseignement primaire, on lui conserve néanmoins un monopole restreint. Tous les parents, en effet, ne se trouvent pas en position de résister à la contrainte morale exercée sur eux. Qui ne voit, par exemple, que dans le système préconisé par M. Brisson et par la *République française*, il serait impossible aux fonctionnaires de l'Etat — du moment que celui-ci a déclaré inhabile à servir le pays qui-

---

Les membres du Congrès de Bruxelles obéissaient, du reste, à deux préoccupations malheureuses, qui nous expliquent la singulière attitude que nous leur reprochons d'avoir prise sur le point qui nous occupe. Ils partaient d'abord, comme on vient de voir, de l'idée que l'on peut user de représailles dans la lutte contre les prétentions du cléricalisme, et, en second lieu, ils reconnaissaient à l'Etat le droit de monopoliser l'enseignement. « Avec l'obstination la plus impénitente, lisons-nous encore dans le rapport de M. du Mesnil (page 65), nous persistons à croire qu'en principe l'Etat a seul le *droit* d'avoir des professeurs, comme il a seul le droit d'avoir des magistrats et des soldats. »

conque n'a pas passé par ses écoles — d'envoyer leurs enfants dans un éta. ..ssement privé sans s'exposer à perdre leur place? D'autre part, un grand nombre de chefs de famille, ne voulant pas fermer à leurs fils l'entrée de certaines carrières libérales, leur feront suivre l'enseignement de l'Etat, bien qu'ils eussent préféré les mettre ailleurs.

Agir de la sorte, n'est-ce pas dire aux familles — que ce ne soit qu'à un certain nombre d'entre elles et pas à toutes, peu importe ici — : Vous allez me remettre vos enfants, c'est moi qui les élèverai, et vous ne serez pas même consultés pour savoir si cela vous convient?

C'est là encore une violation évidente du principe que l'enfant appartient à ses parents pour tout ce qui regarde son éducation. Et c'est en même temps une atteinte à la liberté de conscience des parents eux-mêmes. Car enfin ces enfants, même en admettant que l'école officielle offre dans le caractère de son enseignement toutes les garanties de neutralité désirables, il eût peut-être convenu aux parents de les faire élever dans une école où ils auraient reçu, au contraire, une influence religieuse, morale ou politique très marquée. On leur enlève donc leurs enfants, pour les soumettre à une discipline qui n'est pas celle qu'ils croient bonne et qu'ils auraient désirée pour eux.

Mais lorsque l'Etat prendra la position que nous venons d'indiquer, l'école officielle sera-t-elle réel-

lement neutre ? Ce serait être bien naïf que de le
croire. Un Etat qui s'estime appelé, en tant qu'Etat,
à combattre certaines idées religieuses ou politiques,
qui ne reconnaît plus la liberté d'opinion, revient
forcément aux errements des hommes de la Convention. Il ne saurait, dans l'organisation de l'enseignement primaire officiel, rester fidèle à cette
haute impartialité, nous dirions presque à cette
indifférence, qui jurerait avec le reste de sa conduite. Il ne saurait, d'un côté, sévir contre une catégorie de citoyens qui ont le tort de ne pas professer
les opinions qui lui sont agréables, et, de l'autre,
faire distribuer l'instruction sans y mêler à quelque
degré les ardentes préoccupations auxquelles nous
le voyons obéir. En vain chercherait-il à démontrer
par l'examen même des programmes qu'il ne fait
enseigner à l'école que les matières scientifiques ;
comment ses instituteurs ne seraient-ils pas animés
quelque peu de l'esprit qui l'anime lui-même ?
Sachant le but qu'il veut atteindre, comment ne lui
viendraient-ils pas en aide? comment ses passions
ne deviendraient-elles pas les leurs ? Il est bien difficile, en effet, pour ne pas dire impossible, de déclarer la guerre à certaines tendances sans se faire
l'avocat des tendances contraires. Combattre, par
exemple, les écoles religieuses à coups de décrets,
autrement que par la concurrence loyale, c'est, par la
force même de la logique, organiser l'enseignement
de la morale indépendante et peut-être de l'irréligion.

Les journaux de Paris ont publié, sur le point qui nous occupe, des réflexions présentées sous une forme piquante, et que l'on ne nous reprochera pas de citer ici en manière de résumé. Qu'elles appartiennent ou non aux *Études communalistes* de M. Jean Laroque, membre de la Commune de Paris (?), auxquelles on en a fait honneur, peu importe ; ce n'est là qu'un détail sans importance.

« Je vois bien, écrivait-on, qu'on s'accorde, dans
« le camp républicain, à demander la laïcité de
« l'enseignement devenu obligatoire, c'est-à-dire
« une laïcité d'Etat, en d'autres termes, la négation
« religieuse érigée en institution d'Etat.

« Je ne vois pas trop ce que peut être cette insti-
« tution toute négative.

« Je vois bien qu'un parti se fait de l'instruction
« publique une arme contre un autre parti.

« Je ne vois pas qu'il ait pour objet l'instruction
« même et le développement de l'instruction géné-
« rale.

« C'est un aphorisme fréquemment répété en
« Angleterre que « l'unique principe reconnu par
« les hommes d'Etat pratiques en matière d'éduca-
« tion publique, est la nécessité d'instruire le peuple
« d'une manière ou de l'autre, » et que « il y aurait
« folie à rejeter le concours offert, pour atteindre
« ce but, par les diverses sectes religieuses. »

« En France, au contraire, nous n'avons pas
« souci de savoir comment le peuple sera instruit,

« pourvu qu'il ne le soit pas par nos adversaires
« religieux et politiques.

« De plus, nous sacrifions à cette préoccupation
« le soin même de nos intérêts politiques, en lui
« faisant litière de ce qui devrait nous être à cœur
« avant toute chose, notre liberté.

« Certes, je demande avec vous que l'Etat n'ait
« pas de religion. Mais qu'il professe la négation
« religieuse, qu'il l'enseigne et qu'il impose cet
« enseignement : il ne saurait s'élever une préten-
« tion plus monstrueuse, et je n'hésite pas à décla-
« rer que ceux qui l'ont formulée ont dressé le plus
« insurmontable des obstacles contre la pénétration
« de l'idée républicaine dans les esprits et dans les
« mœurs. »

Tout à l'heure, en parlant du système dans lequel
l'Etat s'attribue le monopole de l'école, nous avons
cru pouvoir faire l'éloge de ce régime sur un point.
Nous en avons relevé la logique. Le législateur,
disions-nous, ne s'arrête pas à mi-chemin. Voulant
se servir de ses établissements d'instruction pour
opérer une réforme dans les idées, il décrète dans
son omnipotence ce que les citoyens sont tenus de
croire, il élabore un ensemble de doctrines dont il
n'est pas permis de s'écarter. On comprendra maintenant notre admiration relative pour ce système.
Pour être logiques, les partisans du monopole restreint que nous venons de considérer devraient, eux
aussi, aller jusqu'au bout.

Quand ils nous auront fait connaître le catéchisme religieux et politique qu'ils comptent rendre obligatoire pour l'ensemble des citoyens, nous le combattrons encore, mais du moins il n'y aura plus entre eux et nous d'équivoque possible. Défenseur des libertés individuelles, nous viendrons, la vieille Déclaration des droits de l'homme à la main, réclamer pour chacun le privilége de professer ce qu'il croit et de croire ce que lui dicte sa conscience.

L'Etat empiète encore sur la liberté d'enseignement lorsqu'il subordonne l'exercice de la profession d'instituteur ou l'existence des écoles privées à une réglementation qui peut avoir pour effet de gêner plus ou moins l'initiative individuelle. Il n'est, à l'heure actuelle, que deux nations où le danger que nous signalons ait été résolument écarté par la reconnaissance complète et sans réserves du droit d'enseigner. « En Angleterre et aux Etats-Unis, « écrit M. Ch. Hippeau, ce droit appartient à tous; « il n'a d'autres limites que celles qui lui sont tra- « cées par les lois générales du pays. En France, il « est reconnu jusqu'à un certain point, mais notre « législation lui impose certaines restrictions et le « soumet d'ailleurs, dans son application, à la sur- « veillance de l'Etat. — En Prusse, il n'existe que « par la volonté de l'Etat, qui le confère ou le retire « à son gré, ce qui place les instituteurs, quels « qu'ils soient, sous la dépendance absolue des pou-

« voirs publics. Ainsi l'a établi celui que les Prussiens
« appellent le grand Frédéric dans son ordonnance
« du 12 août 1763, reproduite par la loi de 1819. » (¹)
La réglementation de l'enseignement privé porte
une première atteinte à la liberté lorsqu'elle oblige
quiconque veut tenir école ou même, sans tenir
école, donner des leçons, soit à exciper d'un brevet
de capacité, soit à se munir d'une autorisation spéciale. Presque partout, comme on vient de nous le
dire, cette formalité est obligatoire, et il faut bien
reconnaître qu'elle peut, dans tels cas donnés, rendre des services.

Il est hors de doute que, jusqu'à un certain point,
le brevet de capacité met les familles à l'abri des
charlatans qui, à son défaut, réussiraient, à force
d'habileté, à s'insinuer dans leurs bonnes grâces
et à gagner leur confiance. Il facilite aussi l'inspection que l'Etat, au point de vue de l'exécution de la
loi scolaire, est appelé à exercer sur les établissements privés. En effet, connaissant leurs directeurs,
l'autorité sait quel genre d'instruction ils sont capables de donner, et elle n'est point obligée, pour
s'assurer que les élèves possèdent le degré de connaissances rendu exigible, de procéder à un examen
complet. Enfin, l'on fait observer que la formalité à
laquelle l'Etat soumet les instituteurs privés est ré-

(¹) *L'Instruction publique en Allemagne*, par C. Hippeau. — Paris, 1873, page 79.

clamée aussi des avocats, des médecins, des pharmaciens, et, en général, de toutes les personnes qui veulent exercer une profession libérale.

Ces différents arguments ont leur force assurément, mais ils ne sont pas sans réplique. Si l'Etat veut protéger les familles contre le danger que leur font courir de mauvais instituteurs, il ferait bien, semble-t-il, de ne pas s'arrêter si tôt dans ses mesures de police préventive. Est-il bien sûr que mon épicier, par exemple, me vende toujours les marchandises de premier choix que je lui demande? Je pourrais désirer, à cet égard aussi, d'être mis à l'abri de la fraude, et cependant, si je ne prends pas toutes mes précautions quand je fais mes commandes, je m'expose, tout en payant pour un produit de qualité supérieure, à m'en voir livrer un de qualité peut-être fort médiocre, sans que les tribunaux puissent grand'chose pour me faire rendre justice. C'est à qui achète à ouvrir les yeux. Or, quand je m'adresse à un instituteur, qu'est-ce que je fais, sinon de conclure avec lui un marché? Je lui paie une certaine somme en échange de ses services ; c'est à moi à prendre mes informations et à ne m'engager avec lui qu'à bon escient.

On nous fera observer que l'instruction n'est pas une marchandise comme une autre, et que les carrières libérales se distinguent des professions commerciales et industrielles. Mais que l'on nous explique pourquoi l'Etat montrerait plus de sollicitude pour les personnes désireuses de se procurer des connaissances intellectuelles que pour celles qui achètent du café ou du drap? La profession d'instituteur primaire rentre, dit-on, dans les carrières libérales. Mais sur quoi se fonde cette distinction? L'artisan qui reçoit des apprentis dans son atelier est un maître, lui aussi, et qui prétendra qu'il n'importe pas aux chefs de famille qu'il s'acquitte de sa tâche avec tout le zèle désirable? Et cependant il n'a pas à se faire autoriser officiellement pour l'exercice de sa profession.

Du reste, quand l'Etat soumettrait l'exercice de l'enseignement à la formalité du brevet, serais-je par cela même dispensé de me renseigner sur les qualités de l'instituteur que j'aurais l'idée d'employer? Nullement. Qui ne sait, en effet, que l'on peut posséder une grande érudition et être pourtant un déplorable pédagogue? Nous avons parlé plus haut des médecins, des pharmaciens, des avocats, qui sont astreints en général à fournir des garanties scientifiques. Nous comprenons mieux cette exigence de la part de l'Etat lorsqu'il s'agit de professions dans lesquelles une seule erreur technique peut entraîner les plus grosses conséquences. Un remède mal appliqué, une négligence dans la rédaction d'un acte juridique peuvent, en effet, amener la mort d'une personne ou la perte d'une fortune. Il n'en est pas moins vrai que là encore, entre les médecins, les pharmaciens et les avocats autorisés, nous faisons un choix et que nous n'allons pas, quand nous sommes malades ou que nous cherchons un conseiller judiciaire, nous adresser les yeux fermés au premier venu.

Que l'on réclame des candidats à l'enseignement officiel un brevet d'instituteur ou certains titres universitaires équivalents, à cela il n'y a rien à dire; l'Etat a certes le droit d'exiger des garanties de capacité et de compétence des personnes auxquelles il confie la direction de ses établissements. Mais il en est tout autrement des institutions privées. Ils donneront une instruction solide ou superficielle, complète ou incomplète, l'Etat n'a pas à s'en inquiéter. Tout ce qu'il peut exiger, c'est que la jeunesse du pays soit mise au niveau des programmes obligatoires; tout ce qu'il a à faire, c'est de veiller à ce que, à cet égard, le but soit atteint ; les moyens ne le concernent pas.

Que l'on considère du reste l'étrange position dans laquelle il se place lorsqu'il astreint les instituteurs privés à un examen. Voici un père qui déclare se charger d'exécuter lui-même les prescriptions de la loi en ce qui concerne l'instruction de ses enfants. Va-t-on le soumettre, lui aussi, à un examen, devra-t-il lui aussi fournir des preuves de capacité et de compétence pédagogique ? Nullement, l'Etat le laissera faire, et il n'interviendra que le jour où il aura constaté que l'enseignement ainsi donné est insuffisant. Or le maître privé ne saurait, selon nous, être traité autrement que le père de famille, car il n'est que son substitut ; le père de famille lui a délégué un soin dont il aurait pu se charger lui-même. Si le maître remplit convenablement sa tâche, on le laissera la continuer; dans le cas contraire, l'Etat s'en prendra au père qui ne remplit pas ses obligations, mais sans s'occuper du maître, dont la responsabilité n'est pas engagée.

Il est vrai que l'Etat ne se borne pas à réclamer de l'instituteur privé certaines aptitudes scientifiques et qu'il tient encore à s'assurer de la moralité des personnes auxquelles il confère l'autorisation d'enseigner. Or c'est en cela, pense-t-on, que l'on peut retirer un profit de son contrôle.

Nous ferons observer pourtant que si c'est sur ce terrain que l'on se place, il n'y a plus aucune analogie à établir entre les exigences auxquelles sont soumises les personnes aspirant à l'exercice d'une profession libérale, les médecins, pharmaciens, avocats, et celles auxquelles on veut soumettre l'instituteur. Pour celles-là, en effet, l'Etat se borne à demander des garanties de capacité, tandis que pour celui-ci, il s'enquiert non-seulement de son savoir, mais encore de sa conduite. Eh quoi! ne m'est-il pas tout aussi important de savoir si le médecin auquel je remets le soin de ma santé, de celle des êtres qui me sont le plus chers et que j'introduis dans l'intérieur de ma famille, ou si l'avocat ou le notaire que je charge de défendre des intérêts qui peuvent être fort considérables, sont des hommes d'un caractère sûr et éprouvé ?

D'ailleurs l'Etat a sa libre entrée dans les établissements privés, puisqu'il est appelé à s'assurer que les élèves qui les fréquentent reçoivent une instruction suffisante ; pas un de ces établissements ne sera ouvert sans qu'il en soit informé. Que lui faut-il de plus, et n'a-t-il pas les moyens de connaître tout ce qui s'y passe ?

Quant à savoir dans quelle mesure l'obligation pour l'instituteur de se pourvoir d'une autorisation d'enseigner facilite l'inspection par l'Etat des écoles privées, on peut hésiter à se prononcer. Nous admettons pourtant que cette surveillance en sera plus aisée. L'Etat ne connaîtra pas seulement les écoles existantes, il saura encore par qui elles sont dirigées et le degré de confiance que lui inspirent les différents maîtres. Mais est-il besoin, pour avoir ces renseignements, d'obliger les instituteurs à se munir d'une autorisation officielle ? Sera-t-il bien difficile de s'éclairer par une autre voie, et quand le ministère de l'Instruction publique devrait faire examiner de près un certain nombre d'enfants dans chaque école privée, serait-ce là une entreprise bien compliquée ? Un inspecteur un peu habile voit bien vite à qui il a affaire, et il ne lui faudra pas longtemps pour reconnaître quelle sorte d'élèves on forme dans tel ou tel établissement donné. Après quelques tournées il se fera une idée exacte de la situation.

Parlons maintenant des graves inconvénients que présente, selon nous, le système de l'autorisation obligatoire. — Il permet au gouvernement d'éloigner de la carrière pédagogique certaines personnes dont le seul tort est de lui déplaire. Sommes-nous, par exemple, dans une période de *Culturkampf*, il suffira souvent qu'un instituteur soit suspect de cléricalisme pour se voir fermer la porte de l'enseignement. Si du moins tout se faisait au grand jour! Mais c'est, au contraire, à la suite d'une enquête instruite à huis clos que ces interdictions sont prononcées. Or nous ne pouvons absolument pas admettre cette manière de procéder, qui met la liberté individuelle à la merci des caprices ou des passions d'un comité occulte. Nous demandons pour l'instituteur le bénéfice du droit commun. Si peu qu'un homme en sache — et s'il ne sait absolument rien aurait-il jamais l'idée de se présenter comme instituteur ? — il peut donner des leçons. Ce que vaut son enseignement, c'est aux personnes qui l'emploient à s'en assurer, comme c'est à l'acheteur à apprécier la qualité de la marchandise qui lui est offerte. Que si cet instituteur commet des actes répréhensibles, s'il n'enseigne pas ce qu'il s'était formellement engagé à enseigner, ou s'il trompe gravement la confiance des familles, que les parents le traduisent devant les tribunaux, qui prononceront. Tout sera alors parfaitement régulier, tout se fera au grand jour, à la suite, non d'une enquête administrative, mais d'une enquête judiciaire. Ne voit-on pas d'ailleurs, — et c'est là un point auquel il vaudrait la peine de réfléchir, — que, dans le système de l'autorisation, l'Etat engage bien témérairement sa responsabilité, puisqu'il peut lui arriver de recommander aux parents des hommes qui les mécontenteront parfois de la manière la plus complète ?

Il ne s'agit pas seulement ici, il va de soi, de savoir si la liberté d'industrie sera violée au préjudice d'un certain nombre d'instituteurs. La question n'est pourtant pas sans intérêt, mais ce n'est pas cela qui doit surtout nous occuper en ce moment. Ce que nous voulons, c'est que la famille reste maîtresse de l'éducation de ses jeunes membres. Si elle se trompe, tant pis pour elle ; nous préférons après tout son indépendance, malgré les dangers qu'elle peut offrir, à son asservissement.

La liberté de l'enseignement pourrait encore être mise en péril par des dispositions légales du genre de celles que renfermait le projet Paul Bert, dans son article 64. « Le Conseil départemental, y lisons « nous, pourra pour cause d'insuffisance manifeste « de l'enseignement, déclarer que les formalités de « l'enseignement primaire ne peuvent être accom- « plies dans une école privée. » Une telle manière de procéder nous semble à la fois inutile et pleine de péril. — Inutile, car s'il est notoire que telle école privée ne fournit pas à ses élèves le degré d'instruction exigible, il ne sera pas besoin d'un arrêté du conseil départemental pour lui retirer sa jeune clientèle ; les parents seront suffisamment prévenus qu'en lui donnant la préférence ils s'exposent à de sérieux embarras, et il suffira que l'Etat, à la suite d'examens trop faibles, mette en demeure quelques-uns d'entre eux de faire donner à leurs enfants une instruction plus en rapport avec les exigencès de la loi, pour que l'école fréquentée par ces élèves trop ignorants tombe dans un profond discrédit.

Manière de procéder pleine de péril, ajoutons-nous, car, qui ne comprendrait qu'en donnant à un groupe d'hommes le droit excessif de faire fermer une institution privée, on livre la liberté du père de famille à leur arbitraire? Pourquoi ces hommes, pour peu qu'ils le désirent, ne frapperaient-ils pas d'interdit des écoles privées parfaitement de force à soutenir la comparaison avec les établissements officiels? Où ne trouverait-on pas, en effet, quelques-uns de ces mauvais élèves qui font le désespoir de tous les maîtres, et à l'aide desquels un inspecteur mal disposé pourrait toujours dresser un rapport assez défavorable pour faire condamner l'école à laquelle ils appartiennent ?

Dernièrement les instituteurs officiels de Naples adressaient au ministère de l'instruction du royaume d'Italie une pétition qui n'est pas sans intérêt au point de vue qui nous occupe. En effet, ils lui demandaient, non-seulement d'obliger les maîtres privés à se munir d'une permission d'enseigner, mais encore d'établir lui-même l'horaire et les programmes des établissements particuliers. Ces institutions devraient se conformer en tout aux règles des établissements de l'Etat. Il leur serait en outre interdit dè recevoir des élèves à une autre époque qu'au commencement de l'année scolaire.

Si de telles prétentions trouvaient un accueil favorable auprès du gouvernement italien, l'enseignement libre serait ruiné dans son essence même, et il reviendrait, en fait, à un enseignement public mis à la charge des particuliers. On ne peut demander avec plus de candeur sa suppression (¹).

Nous signalerons encore une dernière atteinte possible à la liberté de l'enseignement.

En plusieurs pays le droit d'enseigner est refusé aux membres de certaines congrégations religieuses. Ainsi en est-il, en particulier, dans plusieurs cantons suisses, pour les Frères de la Doctrine chrétienne, qui avaient été admis jusqu'à ces dernières années à tenir école au même titre que les particuliers ou les autres sociétés organisées en vue de l'enseignement.

Il y a deux cas à distinguer. Ou bien la liberté

(¹) Voir *L'insegnamento publico ai tempi nostri*, par M. Fornelli. Rome 1881.

d'enseigner est retirée à ces associations, purement
et simplement pour des motifs d'ordre pédagogique,
ou bien l'Etat sévit contre elles, non pas tant à
cause de leur influence dans l'école que de leur
rôle politique ou de leur révolte contre les lois du
pays.

Si c'est ce dernier cas qui se présente, au point
de vue qui nous occupe nous n'avons rien à dire.

Lorsque, par exemple, la moitié des gouvernements de l'Europe estiment que la présence des
Jésuites constitue un danger pour l'ordre social et
pour la paix publique, et décrétent en conséquence
leur expulsion, nous n'avons pas à rechercher si
l'on a bien ou mal fait de les chasser de l'école. Ce
n'est pas en tant qu'instituteurs qu'ils ont été
frappés, mais pour des raisons d'un ordre plus
général.

Ou encore, lorsque, ainsi que nous l'avons vu en
France, l'Etat expulse un certain nombre de congrégations pour refus de se munir de l'aut·risation qui
leur était nécessaire, c'est-à-dire d'accomplir une
simple formalité, nous n'avons pas à nous occuper
autrement d'elles. Les pouvoirs publics ont appliqué
la loi. Peut-être la législation relative à ces matières
laisse-t-elle à désirer à différents points de vue,
mais c'est là une question que nous n'avons pas à
juger. Nous ne considérerons que le premier des
deux cas qui s'offrent à nous, celui dans lequel le
droit d'enseigner est retiré à des associations reli-

gieuses dont le seul tort est de donner un enseignement qui déplaît en haut lieu.

Il ne s'agit pas de décider si les membres d'ordres religieux pourront remplir les fonctions d'instituteurs ou d'institutrices dans les établissements de l'Etat. Nous avons déjà résolu ce point en nous occupant de la neutralité de l'enseignement dans les écoles publiques. Pour nous, il n'y a à cet égard aucune hésitation possible : l'enseignement primaire doit être entièrement laïque, et dans son programme et dans son personnel. Mais la question qui se pose est celle de savoir si les membres des ordres religieux peuvent, pour de bonnes raisons, être exclus même de l'école privée.

Que l'on ait de graves reproches à adresser aux congrégations enseignantes, c'est ce que l'on peut dire sans les calomnier en aucune façon. Mais ces reproches sont-ils de nature à justifier les mesures d'exception prises contre elles, c'est ce dont un rapide examen nous permettra de nous rendre compte.

L'enseignement donné par les communautés catholiques offre souvent de sérieuses lacunes au point de vue pédagogique. Les Frères de la doctrine chrétienne, pour nous en tenir à la plus importante de ces communautés, en sont encore aux méthodes si défectueuses des Jésuites. La prépondérance excessive du travail de la mémoire sur celui de la réflexion ; l'étude machinale, mécanique, appliquée à tous les sujets, ce sont là des faits que chacun connaît et sur lesquels il est permis de se montrer sévère. Nous pouvons ajouter à ces griefs que les Frères mettent volontiers entre les mains de leurs élèves des manuels qui brillent par leurs inexactitudes, et dans lesquels l'enfant n'apprendra, outre des erreurs manifestes, qu'une partie de la vérité, celle que l'on aura jugé bon de lui laisser connaître Tout cela est regrettable sans doute, et il est permis de le déplorer. Quant à l'empêcher, c'est autre chose, car il faudrait alors que l'Etat s'attribuât le droit et le devoir de veiller sur les méthodes pédagogiques introduites dans les différentes écoles, sur la façon dont les leçons sont données, et sur la composition des manuels employés par les élèves. Or, qui oserait prétendre que sa compétence aille jusque-là ? Evidemment, pour être à même de trancher ces diverses questions, il devrait posséder une infailli- bilité pédagogique spéciale, universellement recon- nue, et assurant l'autorité à ses décrets.

On fait encore aux écoles qui nous occupent des reproches d'un autre genre, mais non moins sérieux. Si, au point de vue de l'enseignement proprement dit, les membres des congrégations ont hérité des Jésuites, on assure qu'au point de vue moral ils sont aussi leurs disciples, et qu'ils inculquent volontiers à l'enfance les principes d'une complai- sante casuistique. Il n'est pas jusqu'à leur enseigne- ment religieux lui-même qui ne puisse être vive-

ment critiqué, toujours à ce qu'assurent leurs
adversaires, car il manque de spiritualité et encom-
bre l'esprit de notions grossières qui font le plus
grand tort à la religion. Encore ici, nous ne pouvons que répéter ce que nous disions plus haut :
si ces choses sont comme on l'affirme, il faut le
regretter, mais appartient-il à l'Etat de s'ériger en
maître de morale et de religion? En fait de morale,
il n'a à connaître directement que des crimes et des
délits, c'est-à-dire de la violation positive des principes de morale sanctionnés par les lois ; et, en fait
de religion, même les pays qui ont conservé des
églises nationales n'ont pas de religion d'Etat, c'est-
à-dire pas de croyances imposées.

Aussi bien, si l'Etat supprime l'enseignement
des congréganistes, en raison de son caractère religieux et moral, il devra, pour être conséquent,
aller plus loin encore. Nous ne voulons pas parler
du genre d'inquisition qu'il aurait à exercer sur les
pères de famille eux-mêmes, afin de s'assurer qu'ils
ne pervertissent pas la conscience de leurs enfants ;
sur les maîtres particuliers, pour les empêcher
d'enseigner une morale relâchée et une religion
pleine de pratiques superstitieuses ; sur quiconque
enfin, par sa parole ou par ses actes, se ferait
l'avocat volontaire ou involontaire d'une propagande dangereuse. Mais il est un fait qui ne saurait
échapper à personne, et que l'Etat ferait bien de ne
pas perdre de vue : C'est que les instituteurs con-

gréganistes donnent le même enseignement religieux et moral que l'Eglise catholique tout entière, un enseignement approuvé par le pape et par les évêques, ensorte qu'il ne peut les atteindre tout seuls dans leur activité. S'ils font une œuvre qu'il ne lui soit pas possible d'autoriser, il est logiquement amené à interdire du même coup l'exercice de la religion catholique.

Un troisième grief que l'on entend souvent formuler contre les congrégations, c'est qu'elles sont animées, à l'égard de la démocratie, d'un esprit d'hostilité qu'elles ne cherchent pas même à dissimuler, et qu'elles ont toujours l'esprit tourné vers les institutions et l'idéal social du passé. Eh bien ! dirons-nous une fois de plus, il est fâcheux qu'il en soit ainsi, mais qu'y faire, à moins de décider que l'Etat, auquel nous avons refusé le droit d'exercer un contrôle sur les opinions religieuses et morales des citoyens, sera chargé de régler leurs opinions politiques, ce qui serait une prétention tout aussi monstrueuse. La liberté de conscience ne se partage pas : il faut la reconnaître tout entière ; la morceler, c'est la nier,

Relevons enfin un dernier reproche que l'on adresse aux écoles dirigées par les ordres religieux. Il suffira de l'indiquer sans y insister. Nous voulons parler de ces délits contre les mœurs dont les tribunaux ont été si souvent appelés à s'occuper. Mais ces infâmes attentats ont pu être reprochés également à d'autres instituteurs qu'aux congréganistes. Même en admettant que certaines statistiques, accablantes pour ces derniers, donnent des résultats absolument sûrs (¹), ces statistiques elles-mêmes ne montrent-elles pas que les faits que l'on signale se produisent également dans l'école officielle ? Du reste, quand ces désordres sont signalés, l'Etat est armé pour leur répression; qu'il se serve du pouvoir que la loi lui donne, et, de deux choses l'une : ou bien ils diminueront d'une manière réjouissante, et alors les établissements congréganistes reprendront leur crédit; ou bien ils se répéteront avec la même fréquence, mais les verdicts des tribunaux viendront chaque fois, l'opinion publique aidant, condamner d'une façon éclatante les écoles souillées par ces infamies, et les ruiner dans l'estime publique.

Nous venons de soutenir le droit d'enseigner pour les congrégations. Comme nous avons défendu ce droit pour les individus, nous le défendons pour les associations religieuses. Les personnes qui les composent sont, à nos yeux, des citoyens comme les autres, ayant absolument les mêmes privilèges et pouvant, à condition de se soumettre aux lois générales du pays, faire tout ce que font de simples laïques. Comme nous voulons la liberté d'enseigner pour les diffé-

----

(¹) Voir *La loi de l'instruction primaire*, par Paul Bert. Paris, 1880, page 30.

rentes associations qui pourraient désirer ouvrir
école, pour les sociétés de francs-maçons, par exemple, pour la société internationale des travailleurs ou
pour les différentes églises protestantes, nous la
réclamons pour les congréganistes, alors même que
leurs opinions pourraient déplaire au gouvernement. Et qu'est-ce, après tout, que le gouvernement, sinon une majorité qui demain peut-être sera
redevenue minorité? Or, il n'appartient pas à un
groupe d'hommes, parce qu'ils sont le nombre, de
faire des lois d'exception destinées à opprimer leurs
adversaires. De telles lois d'ailleurs ménagent de
dangereux retours ; parfois les minorités parvien-
nent à ressaisir le pouvoir ; les rôles sont alors
renversés, et les persécutés de la veille sont tentés
de se faire persécuteurs.

C'est bien ici le lieu de rappeler ces paroles si
justes et si profondes de Benjamin Constant : « Le
« système qui met l'éducation sous la main du
« gouvernement repose sur deux ou trois pétitions
« de principes. L'on suppose d'abord que le gou-
« vernement sera tel qu'on le désire. L'on voit tou-
« jours en lui un allié sans réfléchir qu'il peut
« devenir un ennemi. » (¹)

Mais si nous avons défendu le droit d'enseigner
des congrégations, ce n'était pas tant dans leur

(¹) Cité par la *Revue de France*, livr. de 15 juin 1880,
page 742.

intérêt propre que dans celui des chefs de·famille.
Refuser à un certain nombre d'hommes l'autorisation de se vouer à l'instruction de la jeunesse est
sans doute un acte d'une haute gravité, mais ce qui
est plus grave encore, c'est d'empêcher des parents
de confier leurs enfants aux maîtres qu'ils auraient
naturellement choisis pour cette tâche. Or, comment ne pas comprendre que des catholiques fervents
tiennent à pouvoir remettre leurs fils et leurs filles
à des instituteurs que leur Eglise elle-même leur
recommande, et qui possèdent toute leur confiance?
Est-il désir plus légitime? Ils souhaitent de voir
leurs enfants grandir dans les sentiments où ils
sont eux-mêmes, et pour cela ils cherchent une
école qui réponde entièrement à leurs vues. — « Eh
« bien ! cette école, ont dit certains gouvernements,
« ils ne l'auront pas, nous ne la laisserons pas
« ouvrir ! » Que l'on juge comme on le voudra
cette manière de procéder, nous ne saurions y voir,
quant à nous, qu'un empiètement des plus regrettables de l'Etat sur les droits de la famille, et une
atteinte portée à la liberté de conscience des parents.
« Quoi ! » s'écriait avec une indignation fort légitime
un publiciste dont nous avons le plus souvent com-
battu les idées, « je n'aurai pas le droit d'envoyer
« mon enfant à telle école plutôt qu'à telle autre,
« chez des prêtres ou des Frères plutôt que chez des

« laïques, et vous dites que vous respectez mon droit
« de père de famille ! » (¹)

Si la situation en France était telle que la dépeint
dans ces lignes M. Francisque Bouillier, il y aurait
lieu, en effet, de s'affliger ; ce n'est pourtant pas le
cas, mais il est d'autres contrées où le choix entre
l'école laïque et l'école congréganiste n'est plus
possible, parce que cette dernière a disparu. L'Etat
l'a supprimée. Cette mesure ne peut se justifier que
par l'appel à la raison de l'Etat. Elle est condamnée
par tout esprit franchement libéral, qui croit à
l'existence de certains principes de tolérance et de
liberté individuelle, si élémentaires qu'on peut bien
les appeler des lieux communs.

La foi à la puissance des principes ! Voilà, hélas !
ce qui manque encore à tant de gouvernements à
notre époque. Ils ne comprennent pas que la société
ne sera nullement menacée parce que la liberté aura
été accordée à tous. Ils restreignent autant qu'ils
peuvent la liberté de leurs adversaires politiques ou
religieux, estimant par là assurer plus facilement le
triomphe des idées qui leur sont chères. Ils n'osent
pas accepter la lutte à armes égales sur le terrain
de la discussion et de la concurrence. Eh bien ! c'est
là manquer de foi dans la force de la vérité, puisque
la victoire définitive, dans la grande bataille des

(¹) *Revue de France*, numéro du 15 février 1880,
page 717.

opinions, ne saurait appartenir à l'erreur et à la violence. Il nous sera donc bien permis, devant ces défaillances du cœur et de la raison, d'indiquer encore, avant de clore ce chapitre, quels bienfaits l'on est en droit d'attendre de la liberté dans le domaine de l'instruction. Nous avons défendu le droit d'enseigner contre ceux qui l'attaquent : il nous reste à dire comment il peut lui-même se recommander par les avantages qu'il offre.

Qui ne voit d'abord de quel intérêt il doit être pour la cause de l'instruction populaire que l'Etat n'en soit pas seul chargé, et qu'il compte pour associés dans cette œuvre si vaste tous ceux qui, à des points de vue divers et avec des buts différents, désirent travailler à répandre la lumière dans les esprits ? C'est bien ici le cas de répéter la parole de l'Evangile : « Qui n'est pas contre nous est avec nous. » Quiconque a un intérêt quelconque à ouvrir une école, alors même que l'instruction proprement dite ne serait pas chez lui la préoccupation dominante, est un collaborateur utile ; qu'il lui soit fait place !

Comment méconnaître aussi cet autre bienfait de la liberté d'enseignement : — la concurrence, avec toutes ses heureuses conséquences ? N'est-ce pas la condition même du progrès, dans le sens le plus large de ce terme ? Du progrès pédagogique d'abord, car lorsque tous les établissements scolaires sont fondés sur le même plan, organisés de la même manière, conduits suivant les mêmes principes, nous voyons bientôt s'établir entre eux une uniformité qui ne peut réjouir que les esprits superficiels. L'uniformité en effet ne stimule pas la vie, elle l'endort. Qu'au contraire, à côté des établissements de l'Etat, il existe un certain nombre d'institutions privées de différents types, ce ne sont plus dès lors les mêmes méthodes qui sont partout en vigueur; chaque école a sa manière de faire, et celle qui fait le mieux sert de modèle aux autres.

Nous avons parlé dans ce chapitre des écoles de Port-Royal. Qui pourrait dire les services qu'elles auraient rendus à la cause de l'instruction en France, l'émulation qu'elles auraient développée et les réformes qu'elles auraient amenées, si on ne les eût brusquement fait disparaître? A voir l'influence qu'elles ont eue, ayant été de si courte durée, on peut se rendre compte du bien qu'elles étaient appelées à faire. Quelle erreur que celle de ces gouvernements qui s'émeuvent de la concurrence que l'on fait à leurs établissements, et qui la regardent comme un acte d'hostilité ! Que ne se disent-ils au contraire qu'on ne saurait les aider plus efficacement dans leur entreprise ! Ce sera à qui, des écoles officielles ou des écoles privées, donnera les meilleurs résultats et inspirera le plus de confiance. Si les unes se relâchent, elles ne tarderont pas à s'en apercevoir en voyant diminuer le nombre de leurs

élèves au profit des autres; impossible, par conséquent, de s'endormir quand on a auprès de soi un
voisin prêt à profiter de vos propres fautes.

Nous pourrions citer une petite localité où se
trouvaient en présence une école primaire officielle
et une école privée. Pendant un certain temps, la
première fut confiée à un instituteur au-dessous de
sa tâche. Qu'arriva-t-il? Ses élèves, les uns après
les autres, émigraient dans l'école privée, de telle
sorte que l'Etat dut se hâter d'intervenir par des
mesures efficaces pour relever le crédit de son établissement. Si l'école communale avait été seule,
certainement elle aurait mis plus de temps à se remonter, et ses élèves auraient autrement souffert de
sa déchéance momentanée.

Mais ce n'est pas seulement au point de vue
pédagogique que la concurrence est bonne, c'est
aussi au point de vue du progrès général. L'uniformité dans les institutions tend à produire une
certaine uniformité dans les idées. Les personnes
qui ont reçu exactement la même culture offrent
plus de points de ressemblance que celles qui ont
été soumises à des disciplines différentes. Or, il
convient, si l'on veut entretenir cette première
condition de tout progrès : l'activité intellectuelle,
que les esprits ne soient pas tous coulés dans le
même moule, qu'il y ait entre eux des diversités,
des contrastes même, qu'ils ne soient pas habitués
à penser de la même façon, à voir les choses sous

le même angle. Les premières années d'école exer-
cent à cet égard une grande influence.

D'autre part, la liberté de l'enseignement privé
permet à des minorités importantes de citoyens que
les institutions de l'Etat ne satisfont pas, de se
grouper, de développer dans une partie de la
jeunesse du pays leurs convictions, leurs tendances,
de former ainsi au sein du peuple différents courants d'opinion. Peut-être est-ce là précisément ce
que les gouvernements redoutent le plus. Ils ont
grand tort cependant, si l'on se place au point de
vue des intérêts généraux du pays. En effet, comment se réalisent les réformes, comment s'accomplit
le progrès ? N'est-ce pas lorsque des minorités tra-
vaillent à faire triompher des idées longtemps
méconnues et qui leur paraissent justes, lorsqu'elles
revendiquent des droits qui leur ont été refusés?
Que l'on nous indique une seule conquête de la
civilisation qui n'ait commencé par être le rêve de
quelques-uns !

Nous comprendrions encore un gouvernement de
droit divin s'attribuant le monopole de l'école. Un tel
gouvernement, en effet, doit craindre toute innova-
tion, et son idéal est de river les esprits à un système politique et religieux immuable. Mais, à moins
de renier ses principes, un gouvernement démocra-
tique et progressiste ne saurait imiter l'exemple de
ceux-là mêmes qu'il s'applique à combattre. (¹)

____

(¹) Il est permis d'affirmer que si l'Angleterre et les

Etats-Unis sont deux pays remarquables par les indi-
vidualités qu'ils produisent, ce résultat est dû en partie
à la diversité qui y règne au point de vue des établissements et des méthodes d'instruction. Là, en effet, l'initiative privée fait, dans le domaine de l'enseignement
primaire, une concurrence des plus sérieuses aux établissements de l'Etat. Elle se charge, en outre, presque
seule, de subvenir aux besoins de l'enseignement supérieur dont l'Etat ne s'occupe qu'à titre exceptionnel ; sa
tâche est grande, on pourrait même se demander si elle
y suffit toujours, mais dans cette situation, du moins,
toutes les méthodes peuvent s'essayer : on n'y trouve pas
un enseignement officiel qui donne le ton et imprime une
même empreinte à tous les esprits, comme dans d'autres
pays que nous pourrions nommer.

En Allemagne, les établissements universitaires relevant de gouvernements différents, possédant des droits
et des traditions propres, résistent ainsi dans une certaine
mesure au danger de tomber dans l'uniformité ; ils se
stimulent les uns les autres par une précieuse émulation.

CONCLUSION

La conclusion de cet essai, qui se dégage, nous semble-t-il, de chacune de ses parties, peut se résumer en quelques mots.

Nous nous sommes appliqué à rechercher le genre d'action qui incombe aux pouvoirs publics dans l'organisation de l'enseignement primaire.

Nous sommes parti de ce principe que l'Etat est tenu d'assurer à tous les enfants du pays la possession des éléments de l'instruction, mais qu'il sort de sa mission, qu'il abuse de ses prérogatives et fait une œuvre de violence lorsqu'il va plus loin. « L'empire de la loi finit où commence celui de la conscience; » cette maxime de Napoléon Ier, qui se montrait plus habile à définir qu'à pratiquer la vraie politique libérale, doit trouver son application dans le domaine pédagogique aussi complètement que dans les autres sphères où l'activité gouvernementale est appelée à se déployer.

Voilà notre thèse, et l'on nous accordera peut-être, après nous avoir lu, qu'il n'est pas impossible, qu'il est même assez facile, pour peu qu'on le veuille sincèrement, d'arriver à un système d'instruction publique conforme à ces saines et grandes doctrines.

Maintenant, que sera l'école, au point de vue de son enseignement, de ses méthodes, de son programme? Il y a là un magnifique sujet d'étude, mais qui sortait du cadre que nous nous étions tracé ([1]).

([1]) Le IXᵉ Congrès de la Société des instituteurs suisses, tenu à Genève les 6 et 7 août 1884, a adopté une série de thèses formulées par l'un de ses deux rapporteurs généraux, M. A. Bouvier, qui nous paraissent renfermer en germe ce qu'il y aurait de plus essentiel à dire sur ces importantes questions. Nous transcrivons les deux premières :

I. — L'instruction primaire a pour mission, moins de donner des connaissances que de travailler au développement harmonique de toutes les facultés de l'enfant, de manière à l'armer le mieux possible pour le combat de la vie.

II. — L'éducation des aptitudes physiques ne saurait être séparée du développement intellectuel et moral. A ce titre, elle fait partie intégrante du programme de l'école primaire.

(*Rapports sur les deux questions mises à l'étude,* page 33).

TABLE DES MATIÈRES

Page 8, 1re ligne de la note, lire *Célestin* Hippeau.

Documents manquants (pages, cahiers...)
NF Z 43-120-13